Andragogia:

a educação de jovens e de adultos em ambientes virtuais

Andragogia:
a educação de jovens e de adultos em ambientes virtuais

Antonio Siemsen Munhoz

2ª edição

Rua Clara Vendramin, 58 . Mossunguê
CEP 81200-170 . Curitiba . PR . Brasil
Fone: (41) 2106-4170
www.intersaberes.com
editora@intersaberes.com

conselho editorial
Dr. Alexandre Coutinho Pagliarini
Drª Elena Godoy
Dr. Neri dos Santos
Mª Maria Lúcia Prado Sabatella

editora-chefe
Lindsay Azambuja

gerente editorial
Ariadne Nunes Wenger

assistente editorial
Daniela Viroli Pereira Pinto

preparação de originais Bruno Gabriel

edição de texto Monique Francis Fagundes Gonçalves

capa Laís Galvão (*design*)
LStockStudio, Rawpixel.com e GarryKillian/Shutterstock (imagens)

projeto gráfico Mayra Yoshizawa

diagramação Conduta Design

***designer* responsável** Luana Machado Amaro

iconografia Celia Kikue Suzuki, Maria Elisa de Carvalho Sonda e Regina Claudia Cruz Prestes

Informamos que é de inteira responsabilidade do autor a emissão de conceitos.

Nenhuma parte desta publicação poderá ser reproduzida por qualquer meio ou forma sem a prévia autorização da Editora InterSaberes.

A violação dos direitos autorais é crime estabelecido na Lei n. 9.610/1998 e punido pelo art. 184 do Código Penal.

1ª edição, 2017.
2ª edição, 2024.

Foi feito o depósito legal.

Dados Internacionais de Catalogação na Publicação (CIP)
(Câmara Brasileira do Livro, SP, Brasil)

Munhoz, Antonio Siemsen
 Andragogia : a educação de jovens e de adultos em ambientes virtuais / Antonio Siemsen Munhoz. -- 2. ed. -- Curitiba, PR : InterSaberes, 2024.

 Bibliografia.
 ISBN 978-85-227-1270-0

 1. Adultos - Aprendizagem 2. Educação - Recursos de rede de computador 3. Educação de adultos 4. Educação de Jovens e Adultos 5. Mídia social 6. Prática de ensino 7. Tecnologia educacional I. Título.

24-188953   CDD-374

Índices para catálogo sistemático:

1. Andragogia : Jovens e adultos : Ambientes virtuais : Educação 374

Cibele Maria Dias - Bibliotecária - CRB-8/9427

Sumário

Apresentação   9
Recursos didáticos   13

01   O que é andragogia 17

    1.1   Em busca de uma definição 18
    1.2   Princípios da andragogia 21
    1.3   Atuação do facilitador de jovens e de adultos 22

02   Uma nova geração chega aos bancos escolares 31

    2.1   Mudanças observadas 32
    2.2   Como a geração digital aprende 37

03   A visão tecnicista do processo de ensino e aprendizagem 47

    3.1   Contextualização 48
    3.2   Proposta pedagógica 49

04   Tecnologia no ambiente de aprendizagem 59

    4.1   Ambientes enriquecidos com tecnologia 60
    4.2   Aprendizagem ativa em ambientes com tecnologia 64

05 Modalidades do processo de ensino e aprendizagem 71

5.1 Cursos presenciais 72
5.2 Cursos semipresenciais 72
5.3 Cursos não presenciais 74
5.4 Taxonomia atual 76

06 Mídias sociais no contexto educacional 81

6.1 A mídia social 82
6.2 Inserção no ensino universitário 84

07 Uma visão sobre o conectivismo 89

7.1 Proposta do conectivismo 90
7.2 Tecnologias envolvidas 92
7.3 Conectivismo e outras abordagens 96

08 Tipos de mediação nos ambientes de aprendizagem 101

8.1 Mediação pedagógica 102
8.2 Mediação tecnológica 104

09 Tecnologia educacional para jovens e adultos 109

9.1 Desafios do uso da tecnologia 110
9.2 Verificação de aplicabilidade 112
9.3 Uma visão das tecnologias existentes 113

10 Ambiente favorável à educação de jovens e de adultos 123

10.1 Práticas mais adequadas 124
10.2 Erros mais comuns 128

11 Como projetar o curso para a andragogia 137

11.1 Planejamento do curso 138

Considerações finais   *147*
Referências   *149*
Sobre o autor   *163*

Apresentação

Quando pensamos em educação, logo nos vem à cabeça o conceito de pedagogia, ou seja, a ciência que trata da educação das crianças. E você sabe como se chama a ciência que se encarrega da orientação de jovens e adultos ao aprendizado? A resposta é *andragogia*.

Nossa proposta é o desenvolvimento de livros voltados para a formação complementar do ensino, com vistas à expansão dos conhecimentos dos estudantes de pedagogia. Também sugerimos a leitura desta obra a professores que se interessem pela elaboração de atividades de ensino e aprendizagem sob a perspectiva de formação do profissional que o mercado e a sociedade almejam.

Primeiramente, é preciso compreender que o comportamento que se espera de um professor atualmente é diferente dos que se esperava em tempos passados. Em virtude do desenvolvimento de uma geração digital, o contexto exige novas formas de comunicação em ambientes enriquecidos com tecnologia educacional[1].

Há algum tempo, passamos a ter contato com termos como *b-learning* e, também, *e-learning*, *m-learning* e *u-learning*. O primeiro é usado para aludir a novos ambientes semipresenciais, e os outros três, a ambientes não presenciais. Além disso, é possível observarmos novas propostas educacionais, como os *massive open online courses*[2] (MOOCs) – em português, cursos *on-line* abertos e massivos –, os quais tendem a predominar no futuro, ainda que em convivência com os ambientes presenciais tradicionais.

Se pensarmos nesses ambientes, perceberemos que eles requerem a aplicação de metodologias inovadoras para o atendimento de diferentes formas

---

1   Segundo Munhoz (2016c), nesses ambientes são inseridos aparatos tecnológicos como projetores de multimídia, computadores, internet e outras ferramentas de *hardware* e *software*, com o objetivo de auxiliar o professor a desenvolver sua prática profissional de forma facilitada e a obter maior qualidade no processo.

2   Os cursos ofertados na modalidade de educação aberta têm custo e podem ou não oferecer certificação. Eles tratam de aspectos pontuais desenvolvidos para a formação de competências e habilidades específicas.

de comunicação. É prevista, por exemplo, a utilização intensiva e extensiva de mídias sociais, o que enseja o surgimento de uma teoria de aprendizagem em construção: o conectivismo.

Nesse panorama, a intervenção da mediação tecnológica passa a ser extensiva. Diversas ferramentas da tecnologia digital são inseridas no ambiente como recursos para o trabalho dos agentes educacionais. Muitas delas são incentivadas pela mobilidade total[3] – uma nova realidade na sociedade contemporânea –, que envolve métodos distintos, como problematizações, salas de aula invertidas, gamificação, *edutainment* (entretenimento educativo), aprendizagem vestível, aprendizagem com os pares, uso de objetos de aprendizagem, sistemas especialistas, realidade virtual, realidade aumentada, inteligência artificial e robotização[4].

As inovações são tantas e progridem tão rapidamente que sua utilização se torna um desafio para os agentes educacionais. Por isso, atualmente exige-se uma formação complementar do professor e, no decorrer da obra, fornecemos orientações nesse sentido.

Nossa intenção é que os capítulos possam ser estudados de forma independente ou, ainda, que você possa costurá-los como julgar mais conveniente. Cabe ressaltarmos que, em cada capítulo, há um objeto de aprendizagem e elementos que permitem uma reflexão sobre os assuntos abordados.

No Capítulo 1, tomamos como base pesquisas de especialistas sobre o referencial teórico que dá sustentação ao uso da andragogia. Seguimos, então, para o estudo dos fatores que levam à criação de um ambiente favorável ao desenvolvimento da educação de jovens e de adultos.

---

[3] Graças à evolução dos meios de comunicação, qualquer pessoa pode acessar qualquer conteúdo de qualquer localidade (Munhoz, 2016c). Dessa forma, é possível desenvolver atividades e executar tarefas em tempo real, bem como contatar uma pessoa a qualquer hora, desde que no lugar haja conexão com a grande rede.

[4] A robotização corresponde à "aplicação de técnicas computadorizadas ou mecânicas para diminuir o uso de mão de obra em qualquer processo, especialmente o uso de robôs nas linhas de produção" (Dicionário Informal, 2017). Essa área enfrenta sérios problemas éticos, na medida em que pode agravar o desemprego.

No Capítulo 2, lançamos nosso olhar para a nova geração que chega aos bancos escolares. Com características diferentes das percebidas nas gerações anteriores, ela sugere novas formas de comunicação por parte de todos os envolvidos no processo de ensino e aprendizagem.

Evidenciamos, no Capítulo 3, a perspectiva sob a qual este material foi desenvolvido. Desse modo, abordamos a utilização da tecnologia no processo de ensinar e aprender, sem nos contrapormos a visões didáticas e pedagógicas que encaram esse processo sob outro enfoque.

No Capítulo 4, enfatizamos a relação entre a tecnologia e a pedagogia. Consideradas rivais durante muitos anos, nos dias atuais elas se encontram em fase de reconciliação.

No Capítulo 5, analisamos a conjuntura atual da educação brasileira, que é levada à população por meio de cursos presenciais, não presenciais e semipresenciais.

Apresentamos, no Capítulo 6, elementos tecnológicos úteis ao processo de ensino e aprendizagem, como as mídias sociais, procurando eliminar possíveis resistência ao seu uso.

No Capítulo 7, expomos uma primeira visão sobre o conectivismo, teoria de aprendizagem mais aplicada à geração digital que chega aos bancos escolares das universidades brasileiras. Esses alunos trazem uma proposta de efetivação de novas formas de comunicação no ambiente.

No Capítulo 8, versamos sobre o uso de intermediários (pedagógicos ou tecnológicos) entre o professor, o aluno e o conhecimento a ser adquirido.

Apresentamos, no Capítulo 9, as tecnologias educacionais disponíveis. Essas ferramentas podem auxiliar no alcance de um processo de ensino e aprendizagem de qualidade, independentemente do ambiente em que este ocorre. Assim, reunimos diferentes definições para que o professor possa formar seu próprio conceito sobre o assunto, incorporando-o em sua prática docente.

No Capítulo 10, discorremos sobre o modo como o professor de jovens e adultos pode enfrentar os desafios que surgem em seu dia a dia. A fim de direcionar sua prática profissional, mencionamos uma série de erros que devem ser evitados pelo docente.

No Capítulo 11, voltamos nossa atenção à andragogia, relacionando-a com estudos acerca de tecnologia. Por fim, realizamos uma análise sobre técnicas para projetar, implantar, acompanhar e avaliar cursos voltados a jovens e adultos, baseados em práticas recomendadas por especialistas da área.

Desejamos a você uma agradável leitura. Lembre-se de que o conteúdo apresentado nesta obra é direcionado à formação de novas competências e habilidades por parte do professor.

Recursos didáticos

Para uma leitura mais rica da obra, é importante atentar-se a nossas escolhas didáticas. Em primeiro lugar, destacamos algumas palavras cujo significado precisa ser expandido e, também, jargões específicos da área. O conhecimento desses termos pode auxiliar o docente na obtenção de um melhor desempenho em qualquer atividade. Por conta disso, no final de cada capítulo, apresentamos a Seção "Termos importantes", que funciona como uma espécie de glossário.

Além disso, em todos os capítulos há questões de revisão para uma melhor assimilação do conteúdo estudado. De modo geral, elas não configuram um processo de avaliação tradicional, mas um exercício final de reforço, com o intuito de que o próprio aluno possa efetuar uma autoavaliação.

A Seção "Problemas propostos" é interessante, pois exige uma reflexão sobre um tema hipotético, mas muito próximo da realidade. Na Seção "Saiba +", também presente no final de cada capítulo, apresentamos indicações de leituras complementares, com vistas ao desenvolvimento de reflexões e pesquisas.

Durante a abordagem de certos temas, solicitamos a elaboração de artigos de opinião (de tamanho reduzido), que devem ser produzidos com base no método científico. Assim, haverá o registro de todo o trabalho desenvolvido, como em um diário de bordo[1], e, ao final do percurso, você poderá avaliar a evolução de seu conhecimento na área e verificar se cumpriu os objetivos estabelecidos em cada capítulo.

Que tal já colocar em prática esse recurso didático? Na primeira coluna do quadro a seguir está o tema proposto; na segunda, há uma referência, com seu respectivo *link*, que pode auxiliar no entendimento da temática em questão; e, na terceira, há a indicação do tipo de atividade a ser realizada (produção de um artigo ou leitura complementar). Se possível, dê início ao seu diário de bordo, refletindo sobre estes temas introdutórios:

---

1 De acordo com Munhoz (2001a), o diário de bordo é um elemento de apoio no qual são anotadas todas as ocorrências da viagem.

saiba +

Observe o tema proposto na primeira coluna, acesse o material indicado na segunda e desenvolva a tarefa sugerida na terceira.

Tema	Referência	Atividade
Tecnologia educacional	COSTA, L. Tecnologia educacional. **Psicologia Escolar e Educacional**, v. 5, n. 2, Campinas, dez. 2001. Disponível em: <http://www.scielo.br/scielo.php?script=sci_arttext&pid=S1413-85572001000200009>. Acesso em: 28 nov. 2017.	Leitura complementar associada à produção de uma sinopse do artigo
Método científico	MÉTODO científico. **Vestibulando WEB**, 30 jul. 2014. Disponível em: <http://www.vestibulandoweb.com.br/biologia/teoria/metodo-cientifico.asp>. Acesso em: 28 nov. 2017.	Leitura complementar
Objetos de aprendizagem	ANTONIO JUNIOR, W.; BARROS, D. M. V. Objetos de aprendizagem virtuais: material didático para a educação básica. In: CONGRESSO INTERNACIONAL DE EDUCAÇÃO A DISTÂNCIA, 12., 2005, Florianópolis. **Anais**... Florianópolis, 2005. Disponível em: <http://www.abed.org.br/congresso2005/por/pdf/006tcc1.pdf>. Acesso em: 28 nov. 2017.	Leitura complementar

(continua)

(conclusão)

Tema	Referência	Atividade
Mobilidade	BALBINO, J. Reflexões pedagógicas sobre mobilidade na educação. **Dicas-l**, 24 abr. 2008. Disponível em: <http://www.dicas-l.com.br/educacao_tecnologia/educacao_tecnologia_20080424.php>. Acesso em: 28 nov. 2017.	Leitura complementar

Para facilitar nosso contato, disponibilizamos o *e-mail* antsmun@outlook.com. No *site* <www.tecnologiaeducacional.net>, desenvolvido para uma comunicação com a comunidade acadêmica, há diversos materiais relacionados ao assunto em pauta. Criamos também o *site* <http://antoniosmunhoz.com.br/moodle32>, em que há diversos cursos (gratuitos ou pagos) para os interessados.

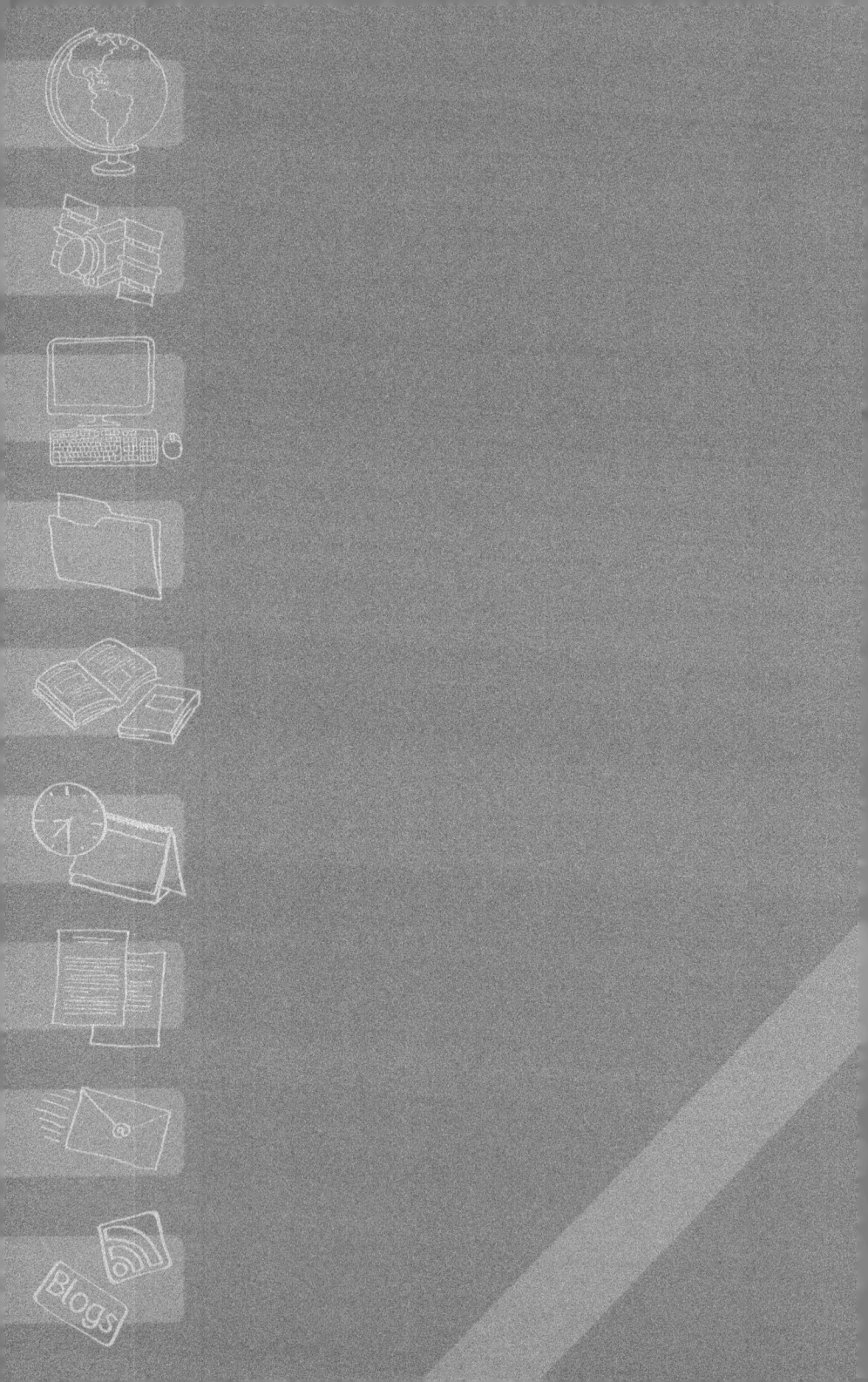

Capítulo 01

O que é andragogia

Para iniciar nossa abordagem, é importante explicarmos o significado do termo *andragogia*. Assim como a pedagogia, a andragogia é uma metodologia ou uma estratégia voltada à aprendizagem do ser humano. No entanto, ao passo que a primeira se ocupa do aprendizado de crianças, a segunda se volta a jovens e adultos.

Foi graças aos trabalhos de Malcolm Knowles, na década de 1970, que a andragogia ganhou notoriedade e passou a ser entendida como ciência.

Nos dias atuais, sobretudo nas instituições de ensino superior (IES), existem ambientes enriquecidos com tecnologia. Nesse caso, o público-alvo é formado por jovens e adultos, motivo pelo qual o estudo da andragogia se torna extremamente necessário. Assim, também nos interessa a criação de ambientes onde essa ciência possa ser desenvolvida de forma integral.

Neste capítulo, introduziremos o estudo do termo *andragogia* para, na sequência, explicitarmos sua aplicação no panorama atual das IES, até chegarmos aos ambientes virtuais.

1.1 Em busca de uma definição

Primeiramente, convém esclarecermos que, nas atividades realizadas em ambientes direcionados pela andragogia, os professores se transformaram em orientadores ou facilitadores – termos que identificam da melhor forma a ação e a prática docentes. Pode-se dizer que, por meio de uma série de recursos tidos como tecnologia educacional, o professor facilita a caminhada do aluno em direção ao conhecimento.

A importância da andragogia revela-se na análise etimológica do termo, que é originário de um vocábulo grego: *andro* = adulto e *gogos* = educar (Veler, 2014).

A arte ou a ciência de auxiliar jovens e adultos em atividades de aprendizagem não envolve somente técnicas, mas também o domínio da afetividade no processo (Nwlink, 2017), de acordo com a taxonomia (Bloom et al., 1956).

É fundamental que os professores e os gestores de ambientes estabelecidos nessa abordagem tenham uma maior compreensão sobre a maneira como os adultos aprendem. Esse entendimento é necessário para que, no **projeto instrucional**, sejam criadas experiências e atividades condizentes com os princípios da andragogia.

Nesses ambientes, a atividade de ensino deve atender a alguns itens, como:
- utilização de técnicas e estratégias educacionais adequadas à construção do conhecimento em vez da transmissão de conhecimentos prontos e acabados;
- foco nos interesses, nas necessidades e nos desejos dos participantes, configurando o ambiente centrado no aluno;
- orientação dos participantes no sentido de que absorção de conteúdo não significa aprendizagem.

Com base nesse direcionamento inicial, são definidas condições para um desenvolvimento favorável das atividades de ensino e aprendizagem. O estabelecimento de um ensino com foco no processo, e não no conteúdo, esclarece o questionamento que muitos alunos fazem nos ambientes presenciais: Por que e para que estou estudando isso?

Desse modo, evidencia-se a importância do projeto instrucional, que, com o uso de diferentes objetos, deve proporcionar uma aprendizagem que se inicie nos conteúdos mais simples e caminhe para os mais complexos. A apresentação das razões e das formas como cada conhecimento se constrói é a melhor estratégia educacional.

A proposta de implementação de processos de gamificação ressalta uma estratégia que se utiliza de estudos de caso, com a proposição de dramatizações e enredos fantásticos. Neles, ganham destaque a função do contador de histórias (*storyteller*) e a aplicação de simulações que incentivam o aluno a aprender pelo erro, sem que o medo bloqueie sua criatividade e sua iniciativa.

Ark (2014) define a **gamificação** como o uso de mecânicas e de procedimentos adotados nos jogos de *video game* para enriquecer os processos de educação corporativa e acadêmica. Assim, o processo de ensino e aprendizagem pode ser desenvolvido de forma agradável, com grande participação dos alunos e qualidade nos resultados, que podem ser obtidos mediante a alta motivação instaurada no ambiente.

Há também a proposta de uma **pedagogia maiêutica**, segundo a qual o facilitador ajuda o aluno a encontrar por si mesmo a solução para problemas, provocando a transformação do currículo e de seu conteúdo. Segundo Cabral (2017), a expressão significa "dar à luz" ou "a arte do parto". Adotado por Sócrates, filósofo da Grécia Antiga, esse método pressupõe que a verdade está latente em todo ser humano e pode aflorar aos poucos, na medida em que o sujeito responde a uma série de perguntas simples, que acabam por dirigi-lo à compreensão de um novo conhecimento – acontece, então, o parto de um novo conhecimento.

Com a abordagem de "aprender fazendo", aumenta-se a capacidade de ação efetiva por parte do profissional e valoriza-se a experiência anterior do aluno, que é levada para o ambiente de ensino, dando-lhe maior segurança e tornando a fixação da aprendizagem mais efetiva.

Assim, cabe ao projetista instrucional criar ambientes em que essas estratégias possam ser aplicadas, com a proposta de atividades especificamente voltadas para esse fim. Todas as atividades devem estar ligadas aos objetivos pessoais ou profissionais do aluno.

É daí que advém a significância da aprendizagem. Nesse aspecto, cabe ao facilitador indicar ao aluno um caminho para o acesso a recursos educacionais abertos e bibliotecas livres ou pagas, custeados pela IES.

Na educação de jovens e de adultos, também se exige do facilitador uma caminhada mais longa na construção da proposta educacional. Ele precisa introduzir pontos de inflexão, sugerindo ao aluno atividades de reflexão, incentivadas por meio de questionamentos interessantes e que representem problemas do dia a dia.

Para que o jovem e o adulto considerem a aprendizagem adquirida como algo de valor, é necessário que ela seja uma agente transformadora, capaz de provocar mudanças. Levar as pessoas a enxergar o mundo de maneira distinta gera diferentes comportamentos e formas de agir em dado contexto. Portanto, transmitir conteúdo é uma condição necessária, bem como dar ao aluno a oportunidade de escolher esse conteúdo entre uma série de opções. É na experimentação e na reflexão que novas definições se transformam em conceitos e estes consolidam novos conhecimentos.

1.2 Princípios da andragogia

De acordo com Knowles (2011), os princípios da andragogia são:

- **Propósito** – Os participantes de iniciativas educacionais interessam-se em saber o que aprenderão com esse conteúdo, por que esse aprendizado é importante, para que serve, como as atividades serão dirigidas, o que será feito com as informações recebidas, se as respostas serão dadas em tempo de projeto instrucional e se o ambiente criado permite ao aluno que as obtenha em metadados, que podem ser disponibilizados para consulta.
- **Autonomia** – Para alunos jovens e adultos, é essencial estar no controle do processo, de modo que se sintam responsáveis pelas ações tomadas.
- **Experiência** – É preciso valorizar a experiência anterior do aluno, aproveitando os conhecimentos que adquiriu durante o trabalho e a vida social. No projeto instrucional, devem-se estabelecer conexões entre o conteúdo e o que acontece no mercado de trabalho. Nesse momento, é importante a criação de cenários de reflexão.
- **Motivação** – Alunos jovens e adultos trazem uma motivação própria para enfrentar o desafio da aquisição de novos conhecimentos, o qual pode ser incipiente ou insuficiente perante as necessidades observadas no ambiente. Desse modo, em um projeto instrucional, é possível imaginar maneiras de destacar as vitórias conseguidas pelos participantes (por meio de processos de gamificação, por exemplo), oferecendo-se até mesmo recompensas.
- **Utilidade do conhecimento adquirido** – Em uma proposta sistemática e intencional, jovens e adultos aprendem melhor quando o processo de ensino e aprendizagem está relacionado a aspectos de sua vida pessoal ou profissional.
- **Incentivo** – Ao assumir o papel de facilitador, o professor deve ter em mente que muito se espera dele no sentido de dar uma significação ao que está sendo ensinado e, também, àquilo que o aluno tem a possibilidade de aprender. Assim, a interferência construtiva, como apoio ao aluno, é uma etapa importante na educação do jovem e do adulto.

Cabe ressaltarmos que os fatores externos, como emprego mais qualificado, promoção e salário, também podem contribuir para essa questão; no entanto, eles não são tão motivadores como os fatores internos (aumento da autoestima e da qualidade de vida, satisfação por adquirir novos conhecimentos, entre outros).

Assim, o facilitador pode tomar como base as seguintes **recomendações**:
- selecionar conteúdo relevante ao campo profissional ao qual se refere a iniciativa educacional;
- estabelecer situações desafiadoras que utilizem conhecimentos anteriores;
- dar um retorno positivo ao aluno e fazer com que ele se destaque no ambiente;
- respeitar a individualidade e, sempre que possível, oferecer condições de personalização das atividades e das ferramentas utilizadas;
- tornar a atividade de ensino e aprendizagem agradável ao aluno;
- estabelecer condições de verificação da aprendizagem, propondo ao aluno atividades que o levem a "aprender fazendo".

Ao atentarem aos princípios e às recomendações, certamente o facilitador e o projetista instrucional construirão um ambiente favorável para a educação de jovens e de adultos.

1.3 Atuação do facilitador de jovens e de adultos

Para compreender a existência da andragogia, é importante olhar para o processo de ensino e aprendizagem sob o ponto de vista do aluno. Assim, no que se refere a cursos ofertados por IES, torna-se mais fácil compreender a proposta de adoção da andragogia em ambientes enriquecidos com tecnologia. Para um melhor entendimento desse assunto, acompanhe o passo a passo a seguir.

1.3.1 Primeiro passo: olhar sob a perspectiva do aluno

Quando o aluno comete algum erro, o facilitador não deve corrigi-lo. Esse comando não se aplica a crianças, que ainda não têm uma visão de mundo totalmente formada. Entretanto, quando um adulto recebe uma punição por ter

cometido um erro, todos os esforços desenvolvidos para garantir seu engajamento, sua motivação e sua participação ativa podem ser perdidos.

Tudo aquilo que diz respeito à **comunicação** entre facilitadores e alunos, e pode estender-se à comunicação dos alunos entre si, deve ser negociado. Isso não se aplica às séries iniciais, em que são empregados os fundamentos e os princípios da pedagogia. Esse exemplo é válido para facilitadores ligados ao desenvolvimento de cursos voltados a jovens e adultos.

Já no início da caminhada, o facilitador de uma turma com essa característica deve voltar seu olhar para o conjunto de orientações que configuram as melhores práticas com relação a algum tema particular. Além disso, deve lembrar que os alunos das séries iniciais não compreendem desafios e ainda não têm metas estabelecidas nem perspectivas vocacionais.

1.3.2 Segundo passo: dar importância ao vocacional

Antes de pisar no acelerador e deslanchar por um caminho, o aluno precisa realizar um levantamento inicial, com vistas à aquisição de novas competências e habilidades em seu perfil profissional. Porém, muitas vezes, ele não tem uma visão formada do que realmente deseja. Assim, uma conversa com o professor possibilita a identificação de um segundo aspecto importante: a questão vocacional.

É comum, no meio de algum curso, o aluno olhar para trás e perceber que não era bem isso o que ele queria; outros chegam a essa conclusão somente ao final do percurso. Essa situação, relativamente frequente, é ainda pior quando o aluno já se transformou em profissional e se estabilizou na carreira, mas não é feliz com seu trabalho.

Assim, no contexto atual, o facilitador tem a responsabilidade de assumir papéis para os quais não foi preparado, como o de ser um conselheiro vocacional.

1.3.3 Terceiro passo: agir como líder

Criar líderes é um dos desafios mais complicados no mercado corporativo. A situação é ainda pior no ambiente acadêmico, no qual o choque de vaidades pessoais é grande, o que acarreta dificuldades adicionais no sentido de o facilitador assumir aspectos que o tornem um líder. Trata-se do papel mais recomendado para que sua atuação como orientador seja exitosa.

Alguns aspectos que esse "novo professor" deve assumir estão mais relacionados a aspectos profissionais que à docência em si, com destaque à importância que o mercado atribui ao facilitador e ao fato de que ele mesmo começa a se reconhecer como um intelectual transformador. Como líder, esse profissional deve encarar sua presença em ambientes enriquecidos com tecnologia considerando uma série de atitudes e comportamentos. São eles:

- Ter disposição para tentar o que não foi tentado anteriormente; afinal, nem sempre copiar e melhorar é a solução mais adequada. Kim e Mauborgne (2015), em uma análise mercadológica, desenvolvem uma teoria denominada *estratégia do oceano azul*, segundo a qual ser diferente pode ser a melhor estratégia. Essa proposta pode gerar resultados positivos.
- Apresentar aos participantes uma proposta de automotivação intrínseca, com vistas a elevar o nível de engajamento de jovens e adultos no processo de ensino e aprendizagem.
- Ter uma percepção aguda daquilo que é justo, conforme a visão e o sentimento dos participantes do ambiente, o que depende das características do público-alvo. A aplicação da visão da comunidade nesse aspecto é fundamental e pode exigir algum grau de adequação do professor.
- Transmitir aos participantes um planejamento com objetivos claramente definidos e expectativas factíveis segundo as limitações de tecnologia, tempo, nível cognitivo etc.
- Perseverar nas decisões adotadas, ainda que tenha de desempenhar atividades adicionais às esperadas para a superação de desafios.
- Propagar aos alunos o sentimento de sempre fazer mais do que se espera deles. Isso pode levá-los a um grau de superação que lhes permita a obtenção de resultados capazes de surpreender os próprios participantes do ambiente.
- Inspirar confiança e demonstrar entusiasmo com as atividades propostas.
- Integrar os participantes em um elevado nível de empatia, o que pode facilitar a ação e a prática docentes, sem a necessidade de esforços adicionais.

- Demonstrar segurança em seu nível de especialização e domínio em todos os aspectos, o que desemboca em uma liderança técnica, que tem boa aceitação de jovens e adultos.
- Assumir, em todos os momentos, a plena responsabilidade pelos resultados.
- Revelar o conhecimento de práticas que podem conduzir a melhores resultados. Os professores que conseguem refletir suas habilidades em outras pessoas podem promover, com maior facilidade, a evolução dos alunos.
- Defender seus princípios em todas as ocasiões, mas estar disposto a diálogos e a mudanças quando as ideias contrapostas apresentarem melhores resultados que as suas.

A proposta de liderança para o professor de jovens e adultos que desenvolvem seus cursos em ambientes enriquecidos com tecnologia apresenta consistência. Porém, há um desvio para o mercado corporativo no tocante à avaliação de seu desempenho por competências e habilidades demonstradas. É uma atitude muitas vezes não aceita pela academia, ainda resistente a enxergar a IES como uma empresa que precisa apresentar resultados.

Termos importantes

Ambiente centrado no aluno – Esse ambiente que começou a ser utilizado após a confirmação da ineficácia da manutenção daqueles que tratavam o professor como detentor universal do conhecimento e controlador de todo o processo, sem qualquer participação do aluno. Nesse ambiente prevalece o respeito às características pessoais e à experiência anterior dos alunos (Moreira, 2010).

Conhecimentos prontos e acabados – Abordagem do processo educacional que efetiva uma forma incorreta de entrega de conteúdo. Sem a existência de etapas para o aluno entender a construção desse conhecimento, ele apenas decora informações que podem ser cobradas em uma avaliação, muitas vezes assinaladas pelos próprios professores (Munhoz, 2011a).

Conselheiro vocacional – Presta atendimento a pessoas com deficiência no planejamento de seus estudos e suas carreiras. Em virtude do grande número de problemas que esse profissional pode resolver, há professores que são orientados a desenvolver cursos complementares na área.

Dramatizações e enredos fantásticos – Uma das propostas da gamificação é o uso de estratégias provenientes dos jogos de *video game*, com possibilidade de sucesso no processo de ensino e aprendizagem (Munhoz, 2016b).

Empatia – É importante que o professor tenha a capacidade de sentir o que o aluno sente, o que leva à compreensão de sentimentos e emoções. Quando a empatia é estabelecida entre as pessoas, cria-se um clima de confiança, que motiva o aluno a aumentar seus esforços na superação de obstáculos. Sampaio, Camino e Roazzi (2009) relacionam a empatia à educação, destacando a importância da inserção de habilidades socioafetivas no processo de ensino e aprendizagem. Isso pode provocar um aumento no nível de motivação, direcionando o aluno a um elevado nível de aprendizagem ativa.

Ensino com foco no processo – Ruptura do paradigma do privilégio ao tratamento e à entrega de conteúdo, que, em ambientes centrados no aluno, perde significância e é trocado por um novo foco de destaque no processo de acompanhamento ao desenvolvimento discente.

Intelectual transformador – Segundo Giroux (1997), o professor que age como um intelectual transformador pode, por meio do exemplo de seus comportamentos, ampliar a capacidade de as pessoas adquirirem novos conhecimentos. Pode ser considerada uma qualidade desejada em situações em que o professor atua como um espelho de alunos instados ao desenvolvimento de uma aprendizagem independente.

Liderança técnica – Houve uma mudança na posição ocupada pelo professor em virtude dos relacionamentos de poder. Atualmente, em ambientes centrados no aluno, o professor adquire essa liderança em razão de seu conhecimento especializado sobre o assunto em foco, a qual pode colaborar para o aumento da participação ativa do educando.

Melhores práticas – Conjunto de atitudes ou de conhecimentos técnicos que apresentam funcionalidade e, normalmente, são implantados sem planejamento; porém, passam a fazer parte deste em virtude do sucesso apresentado. No setor acadêmico, é possível observar a resistência de alguns professores a práticas provenientes do mercado corporativo.

Metadados– Dados que contêm informações sobre outros dados, como elementos de alta importância em diversos campos, com destaque àquele relacionados a objetos de aprendizagem (IMS GLC, 2017).

Perspectiva vocacional – Mediante a identificação de formas de aprender, de inteligências predominantes e de capacidades cognitivas, o educando fica sabendo em que áreas essas características pessoais são mais desejáveis. Segundo Ferreira, Nascimento e Fontaine (2009), com esses conhecimentos o professor pode melhorar o nível do atendimento prestado aos alunos.

Orientadores ou facilitadores – Trazem um novo paradigma que orienta a ação e a prática docentes em ambientes centrados no aluno e adotam novas metodologias para proporcionar maior qualidade ao processo de ensino e aprendizagem (Souza, 2005). Eles observam a evolução do aluno e somente intervêm a seu pedido ou quando percebem algum desvio significativo proveniente da inexperiência na área ou do desconhecimento de algum assunto em particular.

Punição – Atitude de cobrança pelo cometimento de erros no ambiente tradicional. Fáveri (2003) classifica essa atitude como coercitiva, visto que o aluno não tem a possibilidade de questionar a baixa nota recebida, mas apenas de melhorar seu desempenho em avaliações futuras. No ambiente de jogos, é parte da estratégia a proposição de desafios a serem superados. Nesse caso, não há um caráter coercitivo, e os processos que geram punição podem ser reiterados quantas vezes o participante desejar.

Storyteller **–** A roteirização das salas de aula eletrônicas leva para o campo acadêmico a figura do profissional que dá vida a enredos. O *storyteller* enxerga o campo educacional como um contexto de trabalho voltado para a produção de enredos fantásticos que motivem o interesse do aluno, proporcionando uma aprendizagem ativa e maior qualidade ao processo de ensino e aprendizagem (Nogueira, 2014).

Tecnologia educacional – Área do conhecimento que trata do estudo dos efeitos da aplicação de recursos tecnológicos para o tratamento de assuntos relativos ao processo de ensino e aprendizagem (Leite, 2011). Seus componentes são *hardware*, *software* e *peopleware*.

saiba +

Observe o tema proposto na primeira coluna, acesse o material indicado na segunda e desenvolva a tarefa sugerida na terceira.

Tema	Referência	Atividade
Ambientes centrados no aluno	MOREIRA, M. A. **Abandono da narrativa, ensino centrado no aluno e aprender a aprender criticamente.** Niterói, 2010; São Paulo, 2010. Conferência proferida no II Encontro Nacional de Ensino de Ciências da Saúde e do Ambiente e no VI Encontro Internacional e III Encontro Nacional de Aprendizagem Significativa. Disponível em: <https://www.if.ufrgs.br/~moreira/Abandonoport.pdf>. Acesso em: 27 nov. 2017.	Leitura complementar
O contador de histórias	CARVALHO, H. [Infográfico] Storytelling: como contar histórias inesquecíveis que se vendem praticamente sozinhas. **Viver de blog**, 27 jul. 2014. Disponível em: <http://viverdeblog.com/storytelling/>. Acesso em: 29 nov. 2017.	Leitura complementar
A arte da maiêutica	TADA, E. V. S.; CAZAVECHIA, W. R. Sócrates e o método maiêutico. In: EDUCERE, 6., 2006, Curitiba. **Anais**... Curitiba: PUCPR, 2006. Disponível em: <http://www.pucpr.br/eventos/educere/educere2006/anaisEvento/docs/CI-226-TC.pdf>. Acesso em: 18 dez. 2017.	Leitura complementar

(continua)

(conclusão)

Tema	Referência	Atividade
Orientação vocacional	JOGO das vocações. **Estudantes.** Disponível em: <http://www.estudantes.com.br/>. Acesso em: 29 nov. 2017.	Jogo *on-line*
A importância da empatia em educação	"OS PROFESSORES precisam fazer curso de empatia", diz Ronaldo Mota. **Gaúcha ZH**, 13 jul. 2015. Disponível em: <http://zh.clicrbs.com.br/rs/vida-e-estilo/educacao/noticia/2015/07/os-professores-precisam-fazer-curso-de-empatia-diz-ronaldo-mota-4800548.html>. Acesso em: 29 nov. 2017.	Leitura complementar
Como efetivar a liderança técnica	RIBEIRO, A. A magia da liderança. **Portal CMC.** Disponível em: <http://www.portalcmc.com.br/lid_art20.htm>. Acesso em: 29 nov. 2017.	Leitura complementar e navegação por outros *links* da página

Questões para revisão

1. Cite pelo menos uma vantagem da pedagogia maiêutica.
2. Que conselho você daria aos docentes que estão iniciando seus trabalhos em ambientes centrados no aluno?
3. Mencione pelo menos uma vantagem e uma desvantagem da utilização da proposta de roteirização em educação.
4. Cite pelo menos uma vantagem da mudança de abordagem com relação à entrega de conteúdo, colocando-se o processo de ensino e aprendizagem no centro do interesse do professor.
5. Questione o papel do professor como orientador e elabore uma lista com itens que ele deve seguir para exercer esse papel.

6. Compare a punição utilizada em gamificação com aspectos coercitivos da educação tradicional.

7. Analise a proposta de colocação dos professores como líderes no processo de ensino e aprendizagem de acordo com o que preconizam os gurus da administração.

8. Compare o papel de conselheiro vocacional com o de tutor presencial ou *on-line*.

9. Estabeleça a diferença entre treinamento e aquisição de novos conhecimentos.

problemas propostos

Resolva as situações-problema a seguir e elabore relatórios de estudo para expor as soluções encontradas.

1. A IES em que você desenvolve seus trabalhos está em vias de solicitar aos coordenadores de curso que orientem seus professores para a aplicação da andragogia no ambiente. Por isso, é necessária a elaboração de um guia para reuniões *brainstorming* cujo tema principal seja essa proposta.

2. Uma IES que trabalha com novas metodologias tem como proposta superar a monotonia das aulas atualmente oferecidas, a fim de agradar seus alunos, que pertencem a uma nova geração digital, em que são utilizadas técnicas de *storytelling* e gamificação. Para tanto, a instituição solicita a criação de um relatório com os procedimentos mais indicados para o desenvolvimento dessa atividade.

3. Uma IES está em vias de implantar novas metodologias e observa que os professores que atuam como líderes apresentam um melhor aproveitamento e conseguem motivar mais os alunos. Por esse motivo, a instituição requer a elaboração de um guia de orientação que aponte o melhor caminho para o desenvolvimento da liderança como uma das competências essenciais do professor.

Capítulo 02

Uma nova geração chega aos bancos escolares

Tendemos a acreditar que o ensino de jovens e de adultos é uma tarefa relativamente fácil, pois se trata de pessoas com muito conhecimento de vida e maior capacidade de conversação e troca com os professores. No entanto, essa afirmativa não resiste a uma primeira análise, ainda que superficial, das exigências colocadas para o orientador que trabalha com uma nova geração digital e egressos das gerações X, Y e Z. É importante também não ignorarmos os *baby boomers*, que ainda procuram os ambientes de ensino e aprendizagem.

Neste capítulo, discorreremos sobre essas gerações e a chegada delas aos bancos escolares.

2.1 Mudanças observadas

Antes de iniciarmos o estudo da nova geração, no Quadro 2.1 especificaremos as gerações anteriores.

Quadro 2.1 – Particularidades de cada geração

Geração	Características
Baby boomers	Pessoas nascidas entre 1946 e 1964: essa geração é otimista com relação à mudança do mundo político. Elas viveram uma fase de engajamento contra ditaduras e poderes tiranos. Atuam em uma perspectiva *workaholic*, valorizando o *status* e o crescimento profissional. Demonstram atitudes políticas, como a formação de alianças para atingir seus objetivos. São responsáveis pelo estilo de vida da atualidade, ou seja, de conquistas materiais, como casa e carro, e de acesso ao entretenimento. Funcionários fiéis às organizações em que trabalham, estabelecem vínculos com as empresas. Necessitam de justificativas aprofundadas e estruturadas para a tomada de decisões.

(continua)

(Quadro 2.1 – continuação)

Geração	Características
Geração X	Pessoas nascidas entre 1965 e 1977: essa geração é cética e politicamente apática. Elas refletem as frustrações da geração anterior e assumem a posição de espectadores da cena política. Gostam da informalidade no trabalho e buscam o equilíbrio entre a vida profissional e a pessoal. Sentem-se à vontade com a tecnologia e têm gosto pelo consumo de equipamentos eletrônicos. Não se fidelizam às organizações e priorizam os interesses pessoais. Não veem com bons olhos o currículo de uma pessoa que trabalhou 20 anos em uma mesma empresa, trabalham com entusiasmo quando têm foco definido e necessitam de *feedback*.
Geração Y	Pessoas nascidas entre 1977 e 2000: essa geração é otimista com relação ao futuro. Elas são comprometidas em mudar o mundo na esfera ecológica. Têm senso de justiça social e engajam-se em voluntariados. São extremamente informais, agitadas, ansiosas, impacientes e imediatistas. Acompanham a velocidade da internet, consideram a tecnologia e a diversidade coisas naturais, utilizam todos os recursos do celular e precisam estar sempre conectadas. A falta de cerimônia com os pais leva à indiferença sobre autoridade. Admiram a competência real, e não a hierarquia. Vivem com sobrecarga de informações, dificultando a correlação de conteúdo.

(Quadro 2.1 – conclusão)

Geração	Características
Geração Z	Pessoas nascidas após o ano 2000: essa geração é também chamada de *geração silenciosa* (escondida atrás de fones de ouvido e telas de *smartphones*). Seus membros vivem em um mundo tecnológico e virtual e esperam ansiosamente as novidades tecnológicas, com a qual comprometem recursos financeiros importantes. Deixam de dar valor às coisas rapidamente e sua vida é direcionada por informações. Procuram viver de um modo que a realidade não permite e são fascinados por jogos fantasiosos. Não desenvolveram habilidades de relacionamento interpessoal e têm baixa capacidade de expressão verbal. Não são bons ouvintes e são ainda piores falantes. Encaram os estudos formais de forma desconfiada.

Fonte: Elaborado com base em Carvalho; Brito, 2013.

Nesta obra, consideraremos a **geração digital** como aquela nascida no final dos anos 1990, cujas pessoas têm sua vida totalmente regida pelas tecnologias da informação. Prensky (2001) e Mattar (2010) apontam as diferentes formas de comunicação desenvolvidas por essa geração. Isso faz com que professores e alunos tenham comportamentos e atitudes diferenciados em relação ao que ocorre nos ambientes presenciais de ensino e aprendizagem, onde se percebe muito desânimo e pouca participação.

A nova geração foge daquilo que as gerações anteriores sempre procuraram – a zona de conforto –, modificando uma situação secular, pois os relacionamentos de poder entre professores e alunos foram quebrados. Nos ambientes educacionais tradicionais, apesar de sua proposta de cunho social, a estrutura hierárquica impõe empoderamento aos níveis superiores e ascendência aos níveis inferiores. O aluno não tem qualquer participação nas decisões sobre sua caminhada em direção à aquisição do conhecimento.

Sob novos paradigmas, é retirada do professor a aura de detentor universal do conhecimento, estereótipo criado em razão dos relacionamentos de poder existentes no setor acadêmico (Munhoz, 2011a), em que as decisões são tomadas pelo professor sem a intervenção dos alunos. Aquele deixa também de ser um reprodutor de conhecimentos prontos e acabados, posição combatida por facilitar a manutenção de outro estereótipo: o do aluno como receptor passivo, como mero observador do que acontece em sala de aula. Tal função é substituída pela do professor orientador, que assume a existência de novas formas de comunicação com o aluno. Este também supera alguns estereótipos e não quer mais assumir o papel de receptor passivo, ou seja, daquele que considera tudo o que o professor diz uma realidade incontestável. O educando passa a interessar-se em saber por que e o que está aprendendo e procura tornar a aprendizagem significativa uma realidade.

Novas **técnicas de motivação** se fazem necessárias para recuperar uma riqueza perdida no tempo: o bom relacionamento entre professor e aluno. Segundo Pink (2010), a motivação resulta de estratégias psicológicas ou provenientes de outras áreas da ciência, as quais estão voltadas ao engajamento das pessoas em determinado processo. No campo da educação, uma das técnicas mais recentes é o uso da gamificação para o desenvolvimento dos currículos, na medida em que agrupa diversos métodos de motivação em um único processo.

Conferências, leituras e a escrita acadêmica tornaram-se companheiros "chatos", que são substituídos por prazerosos contatos nas comunidades de aprendizagem e nas redes sociais. A geração atual quer que tudo aconteça de forma rápida, não estando acostumada com o aprofundamento dos conhecimentos, o qual é muitas vezes necessário para o desempenho qualitativo das atividades profissionais.

O projeto instrucional surge como elemento indispensável à formatação de projetos educacionais em ambientes enriquecidos com tecnologia. Assim, passa-se a trabalhar com a qualidade total em educação, conceito antes recusado no ambiente acadêmico.

Os objetos de aprendizagem tornam-se a forma de produção de conteúdo preferida, pois permitem a reconstrução do conhecimento com base em informações armazenadas em formato digital, que direcionam o processo de ensino e aprendizagem. Para Munhoz (2011b), trata-se de elementos digitais, visto que são obtidos pelo fracionamento de ideias complexas em conceitos simplificados. Esses elementos são caracterizados pela apresentação do conteúdo de estudo em diversas mídias, com duração entre 15 e 20 minutos. Por fim, há um processo de avaliação para verificar a aquisição do conhecimento neles contido.

A proposta de aprendizagem sofreu uma mudança: em vez do fornecimento de conhecimentos acabados, a apresentação do conteúdo inicia-se com conceitos mais simples e segue para os mais complexos.

Todo esse aparato de mudanças teve início no momento em que a sociedade do conhecimento substituiu a sociedade industrial. Foi aí que o profissional do conhecimento tomou o lugar de destaque antes ocupado pelo trabalhador braçal. Ocorreu, então, uma série de transformações na vida social e no processo de ensino e aprendizagem, as quais estão cada vez mais aceleradas. Todas as restrições parecem ter sido suprimidas. As crianças são criadas em um mundo em constante mudança, muito diferente do vivenciado por seus orientadores.

Alguns educadores enxergam essas mudanças, mas a maioria passa ao largo delas. Isso acontece, em parte, por conta do imobilismo acadêmico apresentado pelas instituições de ensino superior (IES). Apesar do uso de computadores, dos primeiros laboratórios de informática e do surgimento da internet, com a consequente derrubada dos muros que separavam as IES do mundo exterior, os novos procedimentos sempre foram postergados.

Chegamos, assim, ao impasse atual no relacionamento entre professores e alunos, que se estende ao relacionamento entre as IES e o mercado de trabalho subjacente. Essa situação, indesejável e incompreensível, tem continuidade no tempo e no espaço.

Atualmente, nas redes sociais, como Facebook e Twitter, e nos aplicativos de mensagens instantâneas, como WhatsApp, os usuários fazem uso de siglas incompreensíveis a professores que não conseguem se apropriar das mudanças que estão à sua volta. Newman, Couturier e Scurry (2004) criticam essa passividade dos docentes do ensino superior e questionam o futuro da educação. Parecem inúteis as propostas de eliminar uma retórica que insiste em disfarçar a realidade que se mostra aos olhos de todos.

2.2 Como a geração digital aprende

A geração digital também é chamada de *geração dos nativos digitais*; nesse sentido, os professores seriam imigrantes digitais. Suas características e formas diferenciadas de aprender foram inicialmente levantadas por Prensky (2001) e, mais recentemente, esses estudos foram retomados por diferentes pesquisadores, como Mattar (2010).

Os integrantes dessa geração recebem informações de forma muito mais rápida que os indivíduos que frequentam ambientes tradicionais de ensino e aprendizagem. Assim como os sistemas operacionais, as pessoas parecem ter se tornado multitarefa. Para o desenvolvimento de suas atividades, elas preferem os gráficos, as animações, as cores, o feérico mundo da sociedade do espetáculo.

O acesso aleatório pode romper a escalada de aquisição de conhecimentos, muitas vezes orientada por rotas de aprendizagem. A gamificação ganha corpo porque os membros dessa geração atuam melhor quando estão ligados em rede. Esse processo incentiva atitudes condenadas pela pedagogia tradicional, que se recusa a reconhecer os artifícios provenientes da mecânica dos jogos, como premiação, *leaderboards* e técnicas de motivação via recompensas frequentes.

A geração digital busca realizar suas tarefas de forma agradável, o que nem sempre se aplica às atividades de ensino e aprendizagem. Algumas delas exigem a efetivação do pensamento crítico para se compreender a essência de algum objeto de estudo e incorporá-lo à cultura de cada pessoa. No entanto, os nativos digitais não parecem estar preparados para atender a esse requisito.

Se, para o professor, aceitar essas condições significa entrar em um novo mundo, para os nativos digitais, dirigir-se a uma sala de aula representa o retorno a um mundo velho, com livros, transparências e carteiras cuidadosamente alinhadas em formação militarista.

Superar o fosso cultural entre gerações que não apresentam diferenças sensíveis de idade está cada vez mais difícil. As condições do magistério, submetidas a um processo de desvalorização, não trazem sangue novo às trincheiras acadêmicas. É possível observar a continuidade do que alguns professores sabem fazer, porque assim aprenderam e, ao preferirem a zona de conforto, demonstram que não querem aprender coisas novas.

As novas gerações passam grande parte de seu tempo navegando no *tablet* ou no *smartphone* e jogando *video game*. Então, se os artistas levam sua arte aonde o povo está, por que os professores não descem de seus pedestais e levam a educação aonde os alunos estão? A resposta é um grande ponto de interrogação. A manutenção de velhos comportamentos é incompreensível.

Com base nessas considerações, a contraposição estabelecida por Prensky (2001) pode ser mais facilmente compreendida. Sua analogia **nativo-imigrante** explica os problemas atuais, mas não os justifica. De todo modo, ela pode ser utilizada para evidenciar a prática do professor como intelectual transformador.

Adequar-se aos novos tempos é um desafio. Mais do que uma imposição, trata-se de uma responsabilidade social, que, por sinal, não está sendo atendida. O prejuízo atinge todos os agentes educacionais envolvidos e, portanto, essas atitudes em nada colaboram para a melhoria da qualidade da educação na atualidade.

Esse fosso, ao não ser superado, torna-se responsável pelo estado de coisas atuais. Ao se olhar friamente para as universidades brasileiras, é possível perceber que o sistema educacional nacional – que não se afasta muito da realidade de outros países – não está preparado para servir aos alunos de hoje.

Siemens (2008) propõe o **conectivismo** como uma teoria de aprendizagem em construção. Embora praticamente todas as correntes didáticas e pedagógicas atuais a tenham criticado, ela foi corroborada por diversos outros pesquisadores. Para Downes (2007), um de seus principais defensores, essa teoria é a mais indicada para ambientes voltados à educação de jovens e de adultos e enriquecidos com tecnologia. Tal abordagem sugere que os ambientes sejam informais, estruturados e repletos de ferramentas tecnológicas. Além disso, eles devem ter permanência no tempo e um elevado nível de tolerância com relação à experimentação e ao erro; transmitir confiança; ser simples e adaptáveis a diferentes níveis cognitivos e descentralizados; e estar apoiados e conectados.

A linguagem, as gírias, as roupas, os adornos, as tatuagens, os estilos, enfim, tudo mudou, exceto as metodologias de ensino e aprendizagem. Entretanto, se elas não se atualizarem, talvez as universidades não sobrevivam em um futuro relativamente próximo. Prensky (2001) reforça essa colocação ao afirmar que, para superar o fosso entre as gerações – ainda que próximas –, os professores precisam falar o idioma, a linguagem, dessa nova geração digital. No decorrer desta obra, fazemos uma série de alertas a esse respeito, que podem ser seguidos pelos professores.

Acelerar, sem aligeirar, o processo de ensino e aprendizagem e dar-lhe uma nova dinâmica pode favorecer a aquisição de conhecimentos. A personalização dos atendimentos e o respeito às formas e aos ritmos de aprendizagem são alguns dos deveres dos docentes nos dias atuais.

O conteúdo legado não pode mais ser o único responsável pela efetivação de um processo de ensino e aprendizagem de qualidade. Temas de discussão corrente, como robótica, nanotecnologia, inteligência artificial e realidade virtual, não podem ser desprezados.

O verbo *gamificar*, por exemplo, chegou para ficar nos ambientes que visam à efetivação diferenciada do processo de ensino e aprendizagem. O *edutainment* (educação e entretenimento), por sua vez, pode representar um salto dos professores em direção ao futuro. Essa proposta vem sendo discutida na comunidade acadêmica há algum tempo, mas só agora, com o surgimento da gamificação e a utilização mais extensiva de jogos em educação, tornou-se uma realidade em andamento. Tornar agradável a atividade de ensinar e aprender é uma forma de recuperar o encantamento do ambiente de aprendizagem e do relacionamento entre professores e alunos.

A diferença entre a geração de ontem e a de amanhã, que deixa algumas pessoas perplexas e outras inativas, deve ser compreendida e superada, sobretudo pelos professores.

Termos importantes

Facebook – Rede social que, na atualidade, tem o maior número de seguidores no Brasil e em outros países. Após criarem suas páginas pessoais, os usuários podem trocar informações com pessoas que lhes concedem autorização.

Imobilismo acadêmico – Estereótipo que caracteriza o não acompanhamento pelas universidades da evolução da sociedade (Volpi, 1996), em decorrência uma demora muito grande na apropriação de novas tecnologias ou no estabelecimento de melhores práticas no mercado corporativo.

Inteligência artificial – Em educação, é uma proposta diferenciada de utilizar dispositivos que simulam a capacidade humana de raciocinar (inteligência artificial dura). Com base em comportamentos anteriores do usuário – reconhecidos por padrões específicos –, ela pode permitir o desenvolvimento de atividades diversas com menor gasto de tempo ou ação mecânica por parte do usuário – inteligência artificial mole (Gugelmin, 2016).

Leaderboards – Tabelas de merecimento criadas nos portais de gamificação, as quais valorizam os escores dos participantes e os prêmios por eles recebidos em iniciativas educacionais (Ark, 2014). Apesar de reconhecermos seu recebimento com reservas por muitos pedagogos, consideramos que o uso desse recurso motiva o aluno.

Multitarefa – Conjunto de ações desenvolvidas em ordem, por exemplo, o primeiro a entrar é o primeiro a sair. Em virtude do fracionamento e da velocidade dos computadores, temos a impressão de que tudo ocorre ao mesmo tempo, porém há um escalonamento e uma alternância no tempo.

Nanotecnologia – Consiste no estudo e também na manipulação da matéria, considerando-se as escalas atômica e molecular (Brito, 2015).

Pensamento crítico – Qualquer julgamento, desenvolvido de forma intencional e reflexiva, sobre aquilo em que a pessoa acredita ou não acredita (Santana, 2011). É preciso distinguir pensamento crítico de crença, utilizando-o sempre que surgir uma nova definição sobre o tema em estudo.

Professor orientador – Não atua somente como reprodutor de conhecimentos, focando, sobretudo, em aspectos necessários aos ambientes de aprendizagem centrados no aluno (Paura; Grinspun, 2011). Ele acompanha e orienta o aluno quando sua intervenção é solicitada ou quando percebe um direcionamento incorreto por parte deste, e ambos discutem novas formas de desenvolvimento do processo de ensino e aprendizagem.

Projeto instrucional – Representa uma inovação na definição de projetos de curso em ambientes tradicionais de ensino e aprendizagem. Trata-se de uma ação de planejamento capaz de propiciar melhores resultados às atividades de ensino e aprendizagem, o que ocorre quando elas são pensadas e programadas com antecedência.

Qualidade total em educação – Proveniente do mercado corporativo, esse conceito diz respeito à busca por melhores práticas e resultados competitivos, apoiado na qualidade dos produtos e serviços oferecidos. No âmbito educacional, essa concepção supera o fator *resistência*, tão presente no mundo acadêmico. Segundo Carmelito (2008), esse processo visa ao estudo e à proposição de técnicas de motivação para que o aluno atinja o máximo desempenho possível, conforme suas características particulares.

Realidade virtual – Conjunto de tecnologias digitais utilizadas para criar a ilusão de uma realidade que não está presente (Freire, 2016). A pessoa mergulha em um mundo virtual e o percebe como real. Sua utilização extensiva pode mudar a face como a educação é processada nos dias atuais, principalmente em ambientes que envolvem risco para o operador, como os laboratórios de química. Desse modo, experiências perigosas podem ser desenvolvidas sem a presença do operador em um ambiente físico.

Redes sociais – Estruturas criadas em razão do desejo das novas gerações de estabelecer localidades nas quais um processo diferenciado de comunicação fosse estabelecido (Cordova; Favretto, 2014). O conceito evoluiu e, atualmente, essa denominação é atribuída a qualquer estrutura social formada por pessoas ou organizações com interesses em comum. Essas autoras apontam como exemplo o uso do Facebook em atividades educacionais.

Robótica – Ciência que estuda a construção de robôs para a substituição da mão de obra humana em caso de tarefas repetitivas. Essas atividades podem ser realizadas muito mais rapidamente e a um custo menor pelos robôs, os quais também são utilizados em atividades que envolvem riscos para o operador humano (Dicionário Informal, 2017).

Rotas de aprendizagem – Conjunto de orientações que não são obrigatórias, mas representam o caminho a ser seguido pelo aluno e a maneira mais adequada, na visão do professor e do projetista instrucional, de desenvolver as atividades previstas (Schneider; Medeiros; Urbanetz, 2009).

Sociedade do conhecimento – Nova formação social na qual predomina a economia do conhecimento (Castells, 2003). Sua instalação teve início a partir do declínio da sociedade industrial, apoiada no desenvolvimento tecnológico, e sua principal característica é a capacidade de transformar informação em conhecimento, como elemento de apoio para a tomada de decisões.

Sociedade do espetáculo – Termo cunhado por Debord (2003), sociólogo francês que enfatiza que o mundo representa uma ilusão, na medida em que as pessoas se deixam fascinar pelo brilho fugaz das luzes que escondem as duras realidades do contexto social. É uma crítica ao deslumbramento, que leva à alienação daquilo que realmente importa na vida.

Twitter – Rede social e servidor para microblog. Os usuários podem enviar e receber atualizações pessoais de outros contatos, em textos de até 280 caracteres, conhecidos como *tweets*. Eles podem ser enviados pelo *website* do serviço, pelo *smartphone* e por SMS (Significados, 2017).

Zona de conforto – Área que uma pessoa atinge ao ter conhecimento da rotina de trabalho, das melhores práticas e de possíveis atalhos para o aumento da produtividade. Quando novas metodologias são propostas, novos comportamentos e atitudes são exigidos; com a implantação destes, a pessoa pode ser deslocada dessa zona, caracterizada pela rotina no desenvolvimento das atividades (Significados, 2017).

Observe o tema proposto na primeira coluna, acesse o material indicado na segunda e desenvolva a tarefa sugerida na terceira.

Tema	Referência	Atividade
As gerações na atualidade	CARVALHO, A. A. de; BRITO, M. P. V. de. As gerações boomer, baby boomer, x, y, z. **Brasilianas.org**, 31 jan. 2013. Disponível em: <http://advivo.com.br/blog/marco-paulo-valeriano-de-brito/as-geracoes-boomer-baby-boomer-x-y-z>. Acesso em: 24 nov. 2017.	Leitura complementar
O professor do século XXI	MUNHOZ, A. S. **Curso de formação de professores tutores**. Disponível em: <http://antoniosmunhoz.com.br/arquivos/proferadigital.pdf>. Acesso em: 4 dez. 2017.	Leitura complementar associada a comentários em material sem formatação acadêmica
O aluno do século XXI	MUNHOZ, A. S. **Formação básica de tutores**: perfis profissionais – o aluno EaD. Disponível em: <http://antoniosmunhoz.com.br/arquivos/oestudanteead.docx>. Acesso em: 4 dez. 2017.	Leitura complementar associada a comentários em material sem formatação acadêmica

(continua)

(conclusão)

Tema	Referência	Atividade
Projetos instrucionais: uma primeira visão	FILATRO, A.; PÍCONEZ, S. C. B. Design instrucional contextualizado. In: CONGRESSO INTERNACIONAL DE EDUCAÇÃO A DISTÂNCIA, 11., 2004, Salvador. **Anais...** Salvador, 2004. Disponível em: <http://www.abed.org.br/congresso2004/por/htm/049-TC-B2.htm>. Acesso em: 27 nov. 2017.	Leitura complementar

Questões para revisão

1. Aponte pelo menos duas dificuldades de relacionamento entre a geração digital e os imigrantes digitais.
2. Assinale razões para a permanência do estereótipo do imobilismo acadêmico no Brasil.
3. Mencione pelo menos duas vantagens dos projetos instrucionais.
4. Indique pelo menos um aspecto que justifica o uso da gamificação na educação.
5. Com relação ao comportamento da geração digital, destaque uma característica importante e sugira mudanças de atitude por parte dos professores e dos alunos.

problema proposto

Resolva a situação-problema a seguir e elabore um relatório de estudo para expor a solução encontrada.

A IES em que você trabalha lhe solicita o desenvolvimento de um pequeno manual de orientações contendo características de relacionamento e atitudes tomadas com relação aos estudos, com base nas exigências da geração digital. Apresente esse manual na forma de um tutorial, lembrando-se de fornecer instruções diferenciadas aos professores.

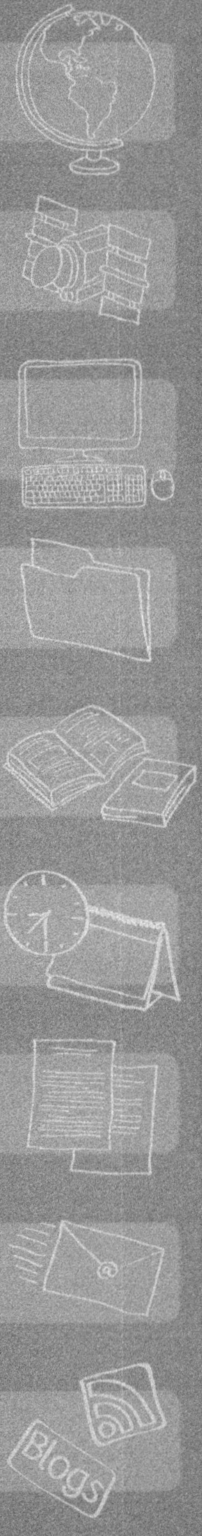
Blogs

Capítulo 03

A visão tecnicista do processo de ensino e aprendizagem

O constante conflito entre tecnologia e pedagogia prejudica ambos os contendores. Essa situação estabelece alguns mitos e uma dicotomia que não é interessante. Na atualidade, de um lado está a <u>pedagogia pedagógica,</u> e do outro, um comportamento tecnicista, voltado para a formação do profissional que o mercado exige. Como essa divisão ainda existe, é importante que tal assunto seja parte integrante da formação do professor que trabalha na educação de jovens e de adultos.

3.1 Contextualização

Aos poucos, a escola abandona uma posição filosófica mais rígida, que preconiza a separação entre a academia e o mercado de trabalho, para o qual ela realmente forma os egressos de suas fileiras. Esse posicionamento não é bem compreendido, pois, em processos de formação de competências e habilidades, além de aspectos sociais, deve-se incluir uma proposta de atendimento àquilo de que o mercado de trabalho necessita.

Diante desse panorama, convém ressaltarmos que a adoção de posições rígidas não colabora para uma convivência harmônica. A abordagem desse tema é essencial para docentes que adotam uma postura unilateral, ou seja, que consideram apenas uma dessas vias. Cada uma delas tem sua aplicação e, portanto, a proposta de uma pedagogia híbrida parece ser o caminho mais apropriado.

Uma visão tecnicista tem um diferencial em relação à pedagogia tradicional: parece mais adequada ao contexto social atual e às empresas que exigem novos perfis profissionais, considerando-se a nova geração que chega aos bancos escolares das universidades. E isso gera a necessidade de orientar os professores para a adoção de práticas pedagógicas mais adequadas ao público-alvo dos programas educacionais.

A geração atual demonstra, como mencionamos no capítulo anterior, uma indefinição quanto aos posicionamentos político, ideológico e metodológico da função docente, o que desgasta o relacionamento entre professores e alunos.

Na visão tecnicista, a escola ainda é uma instituição vinculada à sociedade; no entanto, agora ela desenvolve a produção, a construção e a reconstrução do saber por meio de decisões que não podem mais ser tomadas isoladamente pelos professores. Essas decisões devem resultar de um processo de interação diferenciada entre professores e alunos, em que as necessidades do mercado de trabalho sejam efetivamente atendidas.

Um bom exemplo de proposta de convivência pacífica entre diferentes teorias é o **conectivismo**. Este considera válidos pressupostos de teorias de aprendizagem tidas como estáveis ou que estão em fase de obsolescência do corpo de conhecimento, em virtude da evolução dos estudos da neurologia.

Essa teoria em construção reconhece diferentes formas de aprender entre as pessoas e, nas teorias anteriores, identifica apenas uma lacuna importante: a falta de considerações acerca da tecnologia, que, na época de seu estabelecimento, não tinha o nível de desenvolvimento atual.

A visão tecnicista não descarta a necessidade de planejar, registrar e controlar as atividades escolares. A exigência dos projetos instrucionais na formatação de novos cursos é uma constante quando a teoria é utilizada como suporte teórico de sustentação academicamente reconhecido como válido.

3.2 Proposta pedagógica

Segundo a visão tecnicista, a escola não é mais a única "modeladora" do comportamento do aluno. Em outras palavras, sua formação pode ocorrer em vários ambientes, embora não se saiba se os novos lugares de aprendizagem são apropriados para tal.

Com a evolução da internet, tornou-se possível o estabelecimento de novos ambientes de ensino e aprendizagem. Assim, as universidades deixaram de ser o único local onde o conhecimento pode ser adquirido. O que interessa realmente é que neles seja adotado um novo posicionamento, ou seja, que a pedagogia e a tecnologia alcancem uma convivência harmônica, orgânica e funcional.

Dessa maneira, o professor passa a enxergar a necessidade de organizar e desenvolver o processo de aquisição de habilidades, atitudes e conhecimentos específicos por meio de interações com as redes sociais. Isso requer o desenvolvimento de novas formas de relacionamento, todas apoiadas na utilização extensiva da tecnologia educacional e da mediação tecnológica.

Assim, o professor não mais transmite apenas conteúdo, estabelece também uma troca de informações. Nesse sentido, passa-se a respeitar o que o aluno já sabe e o que deseja aprender – parâmetros que definem como o processo de ensino e aprendizagem ocorrerá. Há propostas relacionadas à criação de estudos e pesquisas sobre o *coaching* educacional que ainda não estão totalmente desenvolvidas.

Considerada uma das melhores práticas do mercado corporativo, por meio do *coaching* é possível obter o melhor dos colaboradores, auxiliando-os no alcance de seus objetivos. Eles recebem o apoio de especialistas na área em que as atividades são desenvolvidas.

O professor continua sendo alguém que quer ensinar, e o aluno, alguém que quer aprender. Entretanto, não são mais utilizados métodos de ensino e aprendizagem tradicionais em ambientes presenciais. O aluno não quer mais ter a sensação de que, ao ir para a escola, está entrando em um museu ou fazendo uma viagem ao passado, onde passará horas sentado ouvindo uma peroração que não o motiva nem o sensibiliza.

A proposta didática e pedagógica da visão tecnicista está voltada ao relacionamento entre professor e aluno e à interação desses agentes educacionais com a sociedade que os cerca. Assim, o papel do professor ganha importância frente ao que ele desenvolve na atualidade nos ambientes tradicionais e, por conseguinte, o desencanto pode ser superado.

O acompanhamento diferenciado ao aluno pode aumentar a eficácia da aquisição de novos conhecimentos ou da apropriação dos conhecimentos já existentes. Essa visão distancia-se dos estereótipos do professor como transmissor de conhecimentos acabados e do aluno como receptor passivo. Aliás, o professor que ensina também pode estar aprendendo o novo.

Admite-se, então, um trabalho que está apoiado na incerteza, que beira o caos, que tem na descontinuidade o acompanhamento do que acontece no contexto social subjacente e que não mais inviabiliza a proposta de formar os profissionais que o mercado deseja. Esse posicionamento é contrário ao de muitos críticos da visão tecnicista.

O trabalho pedagógico passa a incluir métodos, técnicas e estratégias provenientes do mercado corporativo, portanto a fonte deixa de importar. Eles englobam procedimentos adequados à organização e ao controle de condições ambientais que assegurem a transmissão e a recepção de informações. Não há nenhuma contraindicação à utilização da mesma proposta no meio acadêmico.

O livre emprego de tecnologias educacionais e da mediação tecnológica atendem à necessidade da aplicação sistemática de princípios científicos comportamentais e tecnológicos às questões educacionais. Tudo o que é feito passa pelo crivo do método científico para constatar sua validade, até agora não contrariada.

O **método científico**, como pontua Severino (2014), é um conjunto de normas básicas, que devem ser seguidas para a produção de conhecimentos apoiados no rigor da ciência. Elas orientam o método utilizado para a pesquisa e a comprovação de conteúdo específico. Esse trabalho sistemático busca respostas a questões norteadoras ou a confirmação ou o falseamento de hipóteses de trabalho.

Salientamos que não se trata de um ataque à visão pedagógica tradicional, apenas não se admite o bloqueio ao novo, com o intuito de que novas formas de ensinar e aprender sejam aceitas e de que a tecnologia tenha um papel de destaque na formação do indivíduo.

Desse modo, passa-se a aceitar o que a visão tecnicista propõe: no processo de ensino e aprendizagem, há a necessidade de se utilizar um **planejamento sistêmico** – como proposto nos projetos instrucionais – apoiado no uso extensivo da tecnologia da informação. Silva (2012) considera que esse planejamento representa uma nova forma de se compreender o desenvolvimento humano. Em vez de se lançarem olhares isolados para o indivíduo, devem-se levar em consideração as relações estabelecidas no ambiente a que ele está sujeito. Tal proposta privilegia uma nova forma de olhar o mundo e a inserção do ser humano no contexto, como sistema aberto que pode receber influências decisivas do meio no qual desenvolve suas atividades educacionais.

Essa visão não procura invalidar o aprofundamento de estudos filosóficos ou sociológicos nem daqueles voltados aos impactos que a adoção da tecnologia pode causar. Sua utilização pode provocar situações reais de estresse em razão de sobrecargas laboral, psicológica e cognitiva que o excessivo volume de informações pode ocasionar. Isso acontece em diversas áreas nas quais a tecnologia extensiva é aplicada e, nesse caso, medidas corretivas podem ser tomadas. Também não se propugna o desprezo aos aspectos políticos, visto que a utilização da tecnologia pode estar associada a todas as visões pedagógicas tradicionais.

Embora existam pedagogias denominadas *progressistas* ou *liberais*, nas quais alguns desses princípios são utilizados, a oposição da pedagogia à tecnologia não é totalmente abandonada, o que não é benéfico a ninguém. Segundo Daniel (2011), as pedagogias liberais sustentam a ideia de uma escola que não prepara o indivíduo para o desempenho de um papel social de acordo com seu perfil vocacional. Conforme essa visão, é necessário repensar a pedagogia tradicional e reconhecer que o sujeito precisa adaptar-se para atender a essa importante função.

Já na linha de superação das deficiências da pedagogia tradicional, Snyder (1974) lança uma proposta que entende a escola como uma mediadora entre o individual e o social. Trata-se das pedagogias progressistas, que articulam a transmissão de conteúdos com a assimilação ativa do aluno no contexto das relações sociais. Nessa proposta, não se pode esquecer o mercado corporativo, tampouco a utilização das tecnologias e a mediação tecnológica no processo de ensino e aprendizagem.

Assim, é preciso levar em consideração a transformação social e abandonar qualquer prevenção de atendimento que o ambiente corporativo exige. No tocante às metodologias atuais de ensino e aprendizagem, elas devem ser repensadas, pois não foram criadas para essa geração.

Também não há sentido em assumir uma posição creditada à visão tecnicista, sugerindo que sua utilização produz melhores resultados que as pedagogias tradicionais – esses comparativos não trazem nenhum benefício. São as características do **público-alvo** que direcionam o processo de ensino e aprendizagem. A educação da geração digital é diferente da dos *baby boomers*.

De maneira objetiva, podemos apontar a ressignificação da importância dada ao aluno como o principal aspecto da visão tecnicista na educação de jovens e de adultos. Nesse âmbito, merecem destaque os três itens a seguir:

1. **Respeito à capacidade de educabilidade cognitiva** – Denominação atribuída por Fonseca (1998) à capacidade que uma pessoa tem de adquirir novos conhecimentos em áreas específicas, o que depende de uma série de aspectos individuais e de formação, como experiências de vida ou resultados de estudos. Portanto, as pessoas têm níveis de capacidade diferenciados.
2. **Respeito ao ritmo de aprendizagem** – Lefever (2011) considera que cada aluno apresenta um ritmo de aprendizagem próprio. Ao não se respeitar essa característica individual, pode-se estar adicionando sobrecarga cognitiva, laboral ou psicológica ao aluno, o que pode prejudicar seu desenvolvimento.
3. **Respeito ao tipo de inteligência predominante** – Com base nos estudos que originaram a teoria das inteligências múltiplas de Gardner (1995), estabeleceram-se nove tipos diferentes de inteligência. Uma pessoa pode ter apenas um desses tipos ou vários deles, os quais determinam sua forma de aprendizado. São eles (Teixeira, 2015; Gardner, 1995):
   i. Lógico-matemático – Capacidade de confrontar e avaliar objetos e abstrações, discernindo suas relações e seus princípios subjacentes; de realizar raciocínio dedutivo; e de solucionar problemas matemáticos. Os cientistas apresentam essa característica.
   ii. Linguístico – Domínio de idiomas e palavras e desejo de explorá-los. É predominante em poetas, escritores e linguistas.
   iii. Musical – Habilidade para compor e executar padrões musicais, em termos de ritmo e timbre, e também de escutar e discernir os sons. Pode estar associada a outras inteligências, como a linguística, a espacial ou a corporal-cinestésica. É predominante em compositores, maestros, músicos e críticos de música.
   iv. Espacial – Capacidade de compreender o mundo visual com precisão, modificando percepções e recriando experiências visuais, até mesmo sem estímulos físicos. É predominante em arquitetos, artistas, escultores, cartógrafos, geógrafos, navegadores e jogadores de xadrez, por exemplo.
   v. Corporal-cinestésico – Maior capacidade de controlar e orquestrar os movimentos do corpo. É predominante em atores, dançarinos ou esportistas.

vi. Intrapessoal – Capacidade de se conhecer. É a mais rara forma de inteligência humana, pois está ligada à neutralização de vícios, ao entendimento de crenças e limites, a preocupações, ao estilo de vida profissional, ao autocontrole e ao domínio dos causadores de estresse.

vii. Interpessoal – Habilidade de entender as intenções, as motivações e os desejos dos outros. É mais desenvolvida em políticos, religiosos e professores.

viii. Naturalista – Sensibilidade para compreender e organizar objetos, fenômenos e padrões da natureza, como reconhecer e classificar plantas, animais e minerais. É predominante em biólogos e geólogos, por exemplo.

ix. Existencial – Investigada no terreno ainda do "possível", essa forma de inteligência carece de mais evidências. Abrange as capacidades de refletir e ponderar sobre questões fundamentais da existência. É característica de líderes espirituais e pensadores filosóficos.

Muitas vezes, esses aspectos não são levados em consideração nas pedagogias tradicionais. Mesmo quando entram em foco as pedagogias progressistas, em que se notam alguns desses parâmetros, a resistência à aceitação da influência tecnológica se mantém.

Em ambientes que utilizam a visão tecnicista, são comuns a resolução de problemas, o trabalho em grupo desenvolvido de forma colaborativa e cooperativa e o uso de metodologias inovadoras, como sala de aula invertida e gamificação. Em alguns casos, elas estão presentes no bojo de teorias de aprendizagem tradicionais, mas não chegam a ser desenvolvidas na realidade. No cotidiano dessa prática pedagógica, são efetuadas críticas ao método em si, e nunca a algum professor específico.

A proposição de atitudes e comportamentos mais adequados às novas gerações pode ferir muitas suscetibilidades. Para obter maior qualidade no processo de ensino e aprendizagem, é necessário retirar muitos professores de sua zona de conforto. Repete-se aqui a metáfora de que o professor tem de ir aonde o aluno está, seja nas redes sociais, seja envolvido com seu *smartphone*, seja apoiado em uma mobilidade nunca antes observada.

Termos importantes

Coaching educacional – Especialistas da Sociedade Brasileira de Coaching (2017) consideram as atividades de *coaching* um acordo tácito (registrado ou não), mas sempre intencional, que estabelece a transferência de conhecimentos de um orientador especialista para um profissional que deseja adquirir competências e habilidades relacionadas ao conteúdo em questão. Quando o vínculo entre os envolvidos se deve a atividades de orientação educacional, tais atividades são denominadas *coaching* educacional.

Formas de aprender – Cada ser humano tem sua forma própria de aprender e, portanto, pode ser considerado um sistema aberto (Lefever, 2011). Ele sofre influências do meio ambiente externo, e o modo como sua personalidade foi construída também interfere nesse processo. Para o professor e o projetista instrucional, esse conhecimento, em nível individual, permite a personalização dos ambientes de aprendizagem.

Mediação tecnológica – No âmbito da educação, refere-se à apropriação do ferramental tecnológico para facilitar a comunicação. Além disso, visa obter recursos para pesquisas e facilitar a comunicação entre o professor e o aluno, promovendo a interação entre pessoas e conteúdos diversos (Munhoz, 2011a).

Neurologia – Especialidade médica que se dedica ao estudo e ao tratamento de distúrbios estruturais do sistema nervoso (Dicionário Informal, 2017).

Pedagogia pedagógica – De acordo com Libâneo (2007), há um estudo sobre as inquietações dos pedagogos quanto à ampliação da qualidade de suas práticas didáticas e pedagógicas. O autor apresenta orientações relativas à manutenção de uma visão acadêmica e com rigor – que, com a proliferação de novas metodologias, pode ser esquecida – por alguns professores preocupados com a situação de incerteza presente na sociedade e com a tendência ao domínio das técnicas nos ambientes de ensino e aprendizagem.

Peroração – Parte final de um discurso, geralmente desenvolvido para a apresentação de definições ou de argumentos, favoráveis ou não (Dicionário Informal, 2017).

Reconstrução do saber – Proposta dialética que parte da desconstrução de determinada ideia complexa e de sua reconstrução, sob um olhar mais detido e que supera qualquer propositura de reprodução e transmissão de conhecimentos acabados (Bicalho, 2004).

Sala de aula invertida – Metodologia que utiliza a estratégia de fazer com que os conteúdos de aulas teóricas sejam estudados pelo aluno em sua casa. Para tal, são utilizados textos e diversas outras mídias. Na sequência, o estudante é incentivado a comparecer à sala de aula para desenvolver o "dever de casa". É uma proposta em franco desenvolvimento (Munhoz, 2016d).

saiba +

Observe o tema proposto na primeira coluna, acesse o material indicado na segunda e desenvolva a tarefa sugerida na terceira.

Tema	Referência	Atividade
Pedagogias progressistas	JOSIAS. Pedagogia progressista. **Pedagogia e Didática**, 7 nov. 2008. Disponível em: <http://pedagogiadidatica.blogspot.com.br/2008/11/pedagogia-progressista.html>. Acesso em: 5 dez. 2017.	Leitura complementar
Pedagogias liberais	SANTOS, R. F. dos. Tendências pedagógicas: o que são e para que servem. **Educação Pública**, 17 abr. 2012. Disponível em: <http://www.educacaopublica.rj.gov.br/biblioteca/educacao/0327.html>. Acesso em: 5 dez. 2017.	Leitura complementar

(continua)

(conclusão)

Tema	Referência	Atividade
Lacuna tecnológica na formação dos professores	MERCADO, L. P. L. Formação docente e novas tecnologias. In: CONGRESSO RIBIE, 4., 1998, Brasília. **Anais...** Brasília, 1998. Disponível em: <http://www.ufrgs.br/niee/eventos/RIBIE/1998/pdf/com_pos_dem/210M.pdf>. Acesso em: 5 dez. 2017.	Leitura complementar associada a artigo de opinião sobre o tema
Formas como o ser humano aprende	SALES, A. J. O ser humano e as diversas formas de aprender. **Recanto das Letras**, 7 maio 2017. Disponível em: <http://www.recantodasletras.com.br/artigos/5992323>. Acesso em: 5 dez. 2017.	Leitura complementar

Questões para revisão

1. Mencione pelo menos um aspecto positivo e outro negativo da visão tecnicista e discorra sobre eles.
2. Analise a possibilidade de convivência pacífica entre a pedagogia tradicional, as pedagogias progressistas ou liberais e a visão tecnicista.
3. Qual é a importância do conceito de inteligências múltiplas para o processo de ensino e aprendizagem?
4. Por que os ritmos individuais de aprendizagem devem ser respeitados?

Resolva a situação-problema a seguir e elabore um relatório de estudo para expor a solução encontrada.

A IES na qual você trabalha está em busca de uma proposta que possibilite a superação da resistência de alguns professores à utilização do tecnicismo no processo de ensino e aprendizagem. Elabore uma justificativa plausível quanto a esse uso, a fim de motivar os docentes a utilizar a proposta que a IES deseja.

Blogs

Capítulo 04

Tecnologia no ambiente de aprendizagem

Um mundo em rápida mudança – é assim que percebemos o contexto social atual. A evolução tecnológica e a disseminação da informação, com acesso democrático a um volume de informações nunca antes disponibilizado às pessoas, permitiram a criação de novos ambientes de ensino e aprendizagem.

4.1 Ambientes enriquecidos com tecnologia

Os ambientes de ensino e aprendizagem inovadores são conhecidos como *ambientes enriquecidos com tecnologia*. Neles se configura uma variedade de visões que refletem infindáveis discussões, na medida em que considera a pedagogia e a tecnologia elementos situados em campos opostos. Pode-se dizer, portanto, que se estabelece uma luta sem quartel, a qual não beneficia nenhum dos envolvidos.

A tecnologia está inserida de forma profunda nesses ambientes e evolui constantemente. Isso parece não acontecer com a pedagogia tradicional, que se mostra carente de novas formas de ensinar e aprender em uma nova geração digital. Novos comportamentos e atitudes são exigidos no relacionamento interpessoal entre agentes educacionais, o que, segundo Brunet (2014), é importante para o desenvolvimento de atividades de *coaching* em todos os níveis. Quando se trata de atividades educacionais ou de treinamento, sua efetivação é altamente desejada.

A integração da tecnologia nos ambientes de ensino e aprendizagem sempre representou uma preocupação, mas, na atualidade, ela é ainda mais evidente. Observam-se diversas propostas de mudanças profundas nas instituições de ensino superior (IES) para um futuro relativamente próximo, de difícil previsão. As novas tecnologias emergentes – catalisadoras de processos de transformação e inovação – estão prestes a moldar o desenvolvimento da ação e da prática dos agentes educacionais, principalmente nos ambientes enriquecidos com tecnologia. De acordo com Munhoz (2016b), esses elementos representam novidades tecnológicas utilizadas para a melhoria das ações humanas. Essa evolução em equipamentos e na forma de utilizá-los normalmente exige novos comportamentos e atitudes.

Preparar os alunos para uma sociedade que vive em um contexto de incerteza, cujo direcionamento representa uma interrogação, não é uma tarefa simples. Para contornar o desinteresse dos alunos e o desânimo dos professores, é necessário reinventar o relacionamento entre ambos, como mencionamos anteriormente.

Nesse sentido, a aprendizagem independente é desenvolvida de maneira colaborativa e cooperativa, em grupos e com suporte dos fundamentos da aprendizagem baseada em problemas. Segundo Munhoz (2016a), essa estratégia didática e pedagógica é centrada no aluno e proporciona correções no modo como o conteúdo lhe é repassado. A abordagem sugere a formação de grupos, e a proposta equivale à transformação do currículo em um problema. A solução está apoiada na busca de conteúdos relevantes e no desenvolvimento de práticas que tornem a aprendizagem significativa para o aluno – processo em que uma nova informação se relaciona, de maneira não arbitrária e substantiva, com a estrutura cognitiva do aprendiz (Moreira, 2012). Assim, ele sabe por que e o que está aprendendo. O criador da teoria, Ausubel (1963, 1968), explica que a **aprendizagem significativa** transforma o significado lógico do material da aprendizagem em significado psicológico de importância para o sujeito.

Trata-se do início de uma caminhada rumo à criação de novas formas de ensinar e aprender. Somada a essa primeira etapa, surge a colocação da **aprendizagem por tópicos**. A proposta, que não é recente, vem sendo revisitada em virtude do surgimento dos objetos de aprendizagem e, assim, as pesquisas são retomadas com vigor. Bentham (2002) acredita que tanto a aprendizagem quanto o ensino por tópicos podem favorecer a melhoria da qualidade da educação oferecida. Isso ocorre quando se quebram o currículo seriado e a forma estanque como as disciplinas são tratadas, permitindo o desenvolvimento do currículo em temas de estudo (objetos de aprendizagem).

As novas metodologias trazem um novo alento ao ambiente acadêmico em sua necessidade de adaptação ao meio social. Elas envolvem a inversão das salas de aula (*flipped classroom*), a utilização do processo de gamificação e a proposta de uma aprendizagem com os pares. Esta última advém de uma técnica de ensino denominada **peer instruction** (em português, instrução entre pares). Segundo o criador do conceito, Mazur (2015), trata-se de um método simples de ensinar ciência. O aluno é envolvido em seu próprio processo de aprendizagem e, durante as aulas expositivas, explora-se extensivamente a interação entre a turma. Cabe ressaltarmos que essa abordagem, que torna os conteúdos mais acessíveis a todos, também é válida para outros ambientes.

Citamos ainda a **aprendizagem vestível**, obtida com a utilização de dispositivos móveis e adaptáveis ao corpo humano no processo de ensino e aprendizagem. Muito se espera dessa área, em constante evolução, para os próximos anos (Wearable..., 2017).

Há uma série de ideias pedagógicas diferenciadas que começam a ser enfeixadas para a construção de uma nova teoria de aprendizagem voltada à geração digital. Nesse contexto, o conectivismo – ainda em construção – apresenta-se como sério candidato a ser uma nova teoria que dê sustentação teórica aos ambientes enriquecidos com tecnologia.

A conceituação das inteligências múltiplas, da inteligência emocional e de outras inovações soma-se a um arsenal de estratégias. Para Moreira (2014), é possível definir o termo de forma simples e muito a gosto dos administradores de empresas. O autor entende a *inteligência emocional* como a capacidade do indivíduo de administrar suas emoções para alcançar os objetivos propostos em alguma tarefa específica, com destaque para o aprender a aprender, o aprender pelo erro e a utilização de mapas mentais e de mapas conceituais.

São exigidas novas formas de desenvolvimento do processo de aquisição de conhecimentos e, para tanto, entram em cena a aprendizagem significativa, a relevância dos conteúdos e a independência do aluno com relação à escolha do que estudar, onde, a que horas e com que recursos. A aprendizagem aberta, colocada no centro das atenções, passa a ser vista como uma alternativa por instituições de ensino de reconhecido valor acadêmico.

Na verdade, essa proposta representa um desafio para todos os profissionais: o desenvolvimento da aprendizagem para toda a vida (*lifelong learning*), isto é, o tempo de aprender não se esgota ao final do processo de educação formal.

Alheit e Dausien (2006) consideram o tema um novo paradigma, que representa um desafio diante do acelerado desenvolvimento da tecnologia da informação. Ele traz novas formas de execução das tarefas do dia a dia e novos conhecimentos, o que exige qualificação constante para a criação de competências e habilidades necessárias ao aprimoramento docente.

Pode-se observar, felizmente, que grande parte dos novos educadores leva em consideração a proposta de uma visão tecnicista, aliada a pedagogias progressistas e liberais. Atualmente, essa proposta se volta à formação de profissionais para o mercado de trabalho e, de forma geral, os estudos orientam um repensar da ação e da prática docentes.

Em ambientes enriquecidos com a tecnologia educacional, um novo e indispensável elemento é o envolvimento dos alunos com tipos de conteúdo variados e com diferentes atividades, propostas após extensivos estudos em projetos instrucionais. Novas atitudes são reconsideradas e novas formas de atuação são imaginadas em um processo de reinvenção das atividades de ensinar e de aprender.

Assim, esses ambientes configuram uma nova escola, com base tecnológica inserida em todos os processos desenvolvidos, sem se esquecer do social. Também é recomendável não perder tempo com discussões que insistem em colocar a pedagogia tradicional e a visão tecnicista em campos opostos.

Em diferentes momentos, a Organização para a Cooperação e Desenvolvimento Econômico – OCDE (Connected..., 2012) trata do comportamento de mentes conectadas nesses ambientes. São apresentadas propostas referentes ao atendimento das necessidades individuais dos alunos, o que ressalta a tendência de personalização no atendimento.

A proposta de utilização do conceito de *affordance* em educação equivale ao propósito tecnicista de aproveitar todo o potencial de um objeto, considerando-se a finalidade para a qual foi projetado. Esse enfoque sugere a criação de rotas de aprendizagem que direcionem o aluno, mas sem a rigidez verificada nos ambientes presenciais. Nesse sentido, as orientações acabam servindo apenas como sugestões.

Desse modo, a literatura tecnológica adentra definitivamente no perfil do professor independente ou do professor digital. Esse novo modelo de professor tem competências e habilidades tecnológicas desejáveis e postas, em alguns casos, como condição *sine qua non* para o desenvolvimento da ação e da prática docentes em ambientes enriquecidos com tecnologia.

Na OCDE, há um grupo de trabalho denominado *New Millenial Learners* – NML (em português, aprendizes do terceiro milênio), que repassa aos professores e às IES informações sobre a forma de aprendizado da geração digital. Suas conclusões corroboram estudos desenvolvidos por diversos pesquisadores de renome, como Moran (1999), Morin (2001), Gadotti (2002), Belloni (2006) e Mattar (2010). Esses trabalhos reafirmam que, na atualidade, os alunos dão preferência a acessar, gerenciar, criar e compartilhar conhecimentos de modo radicalmente diferente do adotado nos ambientes tradicionais. Nesse contexto, alguns mitos foram quebrados, principalmente o de que, em casa ou em laboratórios, os alunos realizavam pesquisas e trabalhos escolares com a mesma vontade e desenvoltura. Ficou comprovado que isso não acontecia por dois fatores: (1) quando estão em sua residência, os alunos preferem estabelecer contato com pessoas de fora do círculo escolar e (2) ainda é grande o número de alunos que não têm acesso à grande rede em casa.

4.2 Aprendizagem ativa em ambientes com tecnologia

Na maioria das IES, o elemento que dá suporte aos ambientes enriquecidos com tecnologia é o ambiente virtual de aprendizagem (AVA). Ele é composto de programas que formam os sistemas de gerenciamento de conteúdo e aprendizagem – SGCA (em inglês, *learning and content management systems* – LCMS), normalmente desenvolvidos na comunidade de *software*, mas algumas IES contam com versões próprias. Em quase todas as iniciativas inovadoras, inclusive nas praticadas em ambientes presenciais, há um portal que permite:

- troca de arquivos;
- recepção e envio de atividades;
- atividades de comunicação extensivas;

- avaliação formativa e somativa;
- acesso a redes sociais;
- acompanhamento da vida acadêmica.

Uma característica comum é o fato de o AVA ser centrado no aluno, o qual tem como desafio a responsabilidade compartilhada por sua formação. Assim, ele é levado a efetivar a aprendizagem ativa, com participação constante e grande interação com os outros agentes educacionais envolvidos no processo. A colaboração e a cooperação são atitudes que merecem destaque.

No ambiente virtual, cresce a responsabilidade individual do professor, a qual não se restringe ao conhecimento das ferramentas tecnológicas disponíveis, que leva a um processo de *expertise* tecnológica. É preciso focar mais no acompanhamento do aluno que no desenvolvimento de conteúdo; o uso de uma aprendizagem baseada em problemas, anteriormente pontuada, pode facilitar essa proposta. O professor pode aplicar o *coaching* educacional, metodologia de sucesso no mercado corporativo e em vias de se tornar uma nova forma de tutoria no ambiente em foco.

É possível perceber nesse ambiente a criação – não explícita – de uma comunidade de aprendizagem integrada, inovadora e com visão de **autogestão**. Ela pode oferecer orientações ocasionais, locais e globais, com base na grande rede, que venham a envolver outras pessoas, empresas, organizações e organismos sociais no processo de ensino de aprendizagem. Se isso acontece de forma natural, significa que há algo errado com as atividades de planejamento estabelecidas para o ambiente em questão.

Pode-se considerar que as escolas estão em um processo de busca holística, na medida em que, na maioria dos projetos instrucionais recentes, se preocupam com a efetivação de uma reforma drástica do ambiente presencial tradicional. O imobilismo perde sua predominância e a flexibilidade, aos poucos, torna-se um componente comum. Os ambientes assim projetados vão além de pequenas mudanças e trabalham de forma mais radical na implantação de novas metodologias. Desse modo, a incorporação de *blogs* e *wikis* e o uso de redes sociais estabelecem um novo linguajar como jargão educacional; termos nunca antes praticados e outros que ainda não são aceitos, como *gamificação*, tem sua possibilidade de uso ampliada.

Hardwares diferenciados invadem as salas de aula, onde se observa a proliferação de *netbooks*, *notebooks*, câmeras digitais, *scanners*, projetores multimídia e dispositivos vestíveis. Além disso, *softwares* diferenciados começam a ser utilizados de forma massiva, como geradores de imagens 3D, infográficos, mapas mentais e mapas conceituais. Com tudo isso, os serviços educacionais se multiplicam na grande rede.

Alguns pesquisadores, como Selwyn (2010), apontam para a existência de um denominador comum nas pesquisas atuais: eles enxergam um maior rendimento escolar em ambientes suportados pela tecnologia, nos quais os alunos atuam de forma colaborativa e cooperativa. Os conteúdos são escolhidos pelos estudantes, com o acompanhamento constante de atividades de tutoria ou *coaching*. Assim, justifica-se a expectativa de que cada vez mais escolas migrem da proposta tradicional e se transformem em instituições de tecnologia inovadora. É creditado a elas o potencial para evoluir na prática pedagógica e para transformar os ambientes de aprendizagem em sua completude.

Ambientes centrados no professor convertem-se em ambientes centrados no aluno, e ambientes pobres em tecnologia se tornam ambientes enriquecidos com a tecnologia educacional. Muitos alunos, cansados da monotonia das aulas, esperam para a próxima década novas formas de ensinar e aprender.

Nesse sentido, convém destacarmos que "Equidade, Qualidade de Educação e Aprendizagem ao longo da vida para todos" foi o tema do Fórum Mundial da Educação realizado em Seul, no ano de 2015 (Unesco, 2016). Durante as palestras, foram abordados cinco assuntos, a serem reavaliados em 2030:

1. direito à educação;
2. equidade em educação;
3. educação inclusiva;
4. qualidade em educação;
5. aprendizagem para toda a vida.

Também foram realizadas considerações a respeito da alfabetização tecnológica, posta em xeque, e do uso de ambientes enriquecidos com a tecnologia educacional como forma de facilitar o alcance dos objetivos.

Termos importantes

Busca holística – Procura na totalidade respostas para as dúvidas que as pessoas apresentam com relação a atividades ou a temas específicos.

Câmeras digitais – Dispositivos isolados ou acoplados a telefones inteligentes que permitem o registro de situações da vida real com elevado grau de resolução.

Infográficos – Representações visuais de dados, com o predomínio de elementos como fotografia, desenho e diagrama. Segundo Teixeira (2011), o infográfico apresenta informações que poderiam não ser tão bem compreendidas em um texto.

Dispositivos vestíveis – Artefatos resultantes da evolução tecnológica e que, em virtude da mobilidade e da miniaturização de dispositivos, podem ser carregados com as pessoas, como se elas estivessem vestindo esses equipamentos (Taurion, 2017). Os óculos com filmadoras são um exemplo de dispositivos vestíveis.

Geradores de imagens 3D – Elementos que utilizam técnicas de desenho digital e que, com pequenos comandos, podem criar imagens complexas, facilitando a compreensão de conceitos intrincados pelos alunos (Mary-FL, 2016).

Jargão – Linguagem pouco compreensível por ser específica de alguma área do conhecimento ou de algum grupo social (Dicionário Informal, 2017).

Mapas conceituais – Ferramenta administrativa (pessoal ou empresarial) utilizada para organizar e representar o conhecimento (Novak; Cañas, 2010).

Mapas mentais – Potente auxiliar para a reunião de conhecimentos fragmentados e desestruturados, tornando a informação mais facilmente compreendida por aqueles que se interessam pelo assunto (Herman; Bovo, 2005).

Netbooks – Computadores de pequeno porte derivados dos *notebooks*. Apesar da retirada de alguns dispositivos de *hardware* e da diminuição da potência dos sistemas operacionais, as funcionalidades básicas foram mantidas. Como o nome sugere, é muito usado para acesso à internet (Dicionário Informal, 2017).

Notebooks – Computadores portáteis que podem ser facilmente levados e utilizados em diferentes localidades (Dicionário Informal, 2017).

Professor digital – Participante de um seleto grupo de professores que, por meio de algum programa de alfabetização digital, se prepararam para utilizar as novas metodologias em sua prática profissional (Munhoz, 2016b).

Professor independente – Participante de um seleto grupo de professores que não estão mais na dependência de uma instituição e, portanto, podem desenvolver as atividades de ensinar e de aprender em novos ambientes de aprendizagem, diferentes dos tradicionais (Munhoz, 2016b).

Projetores multimídia – Aparatos tecnológicos que permitem o enriquecimento do ambiente de sala de aula, independentemente da forma como o processo de aquisição de conhecimento está sendo desenvolvido. Inclui animações, acesso à rede, execução de simulações e outras tarefas relacionadas ao ensino e à aprendizagem (Munhoz, 2016b).

Scanners – Dispositivos para cópia, armazenamento e impressão de documentos ou imagens, que, há algum tempo, são utilizados em substituição à máquina de xerox (Dicionário Informal, 2017).

Tutoria – Atividade de acompanhamento ao aluno desenvolvida em localidades geograficamente distribuídas; a distância, por meio de contato telefônico ou de correspondência (eletrônica ou tradicional); ou em ambientes não presenciais, de forma *on-line* (Munhoz, 2014).

Observe o tema proposto na primeira coluna, acesse o material indicado na segunda e desenvolva a tarefa sugerida na terceira.

Tema	Referência	Atividade
Novas formas de relacionamento	PICININI, J.; BAVARESCO, A. M. Relacionamento virtual. **Psicologado Artigos**, ago. 2013. Disponível em: <https://psicologado.com/abordagens/psicanalise/relacionamento-virtual>. Acesso em: 7 dez. 2017.	Leitura complementar associada a artigo de opinião sobre o tema
Ambientes virtuais de aprendizagem	SANTOS, E. O. dos. Ambientes virtuais de aprendizagem: por autorias livres, plurais e gratuitas. **Revista Faeba**, v. 12, n. 18, 2003. Disponível em: <http://www.comunidadesvirtuais.pro.br/hipertexto/home/ava.pdf>. Acesso em: 7 dez. 2017.	Leitura complementar
Mapas mentais em educação	HERMANN, W.; BOVO, V. **Mapas mentais**: enriquecendo inteligências. 2005. Disponível em: <http://www.idph.net/download/mmapresent.pdf>. Acesso em: 24 nov. 2017.	Leitura complementar
Mapas conceituais em educação	UNIVERSIDADE FEDERAL DO RIO GRANDE DO SUL – UFRGS. **Utilização de mapas conceituais na educação.** Disponível em: <http://penta2.ufrgs.br/edutools/mapasconceituais/utilizamapasconceituais.html>. Acesso em: 7 dez. 2017.	Leitura complementar

Questões para revisão

1. Analise as novas formas de relacionamento exigidas entre professores e alunos e, em seguida, explique como o encantamento do ambiente de ensino e aprendizagem poderia ser recuperado.

2. Considerando-se os grupos de aprendizagem, cite uma utilização possível da inteligência emocional nos ambientes enriquecidos com tecnologia.

3. Comente o desenvolvimento de processos de formação permanente e continuada no contexto da sociedade atual.

4. Analise a utilização de dispositivos como a *wearable technology* em ambientes enriquecidos com tecnologia.

5. Estabeleça uma comparação entre os mapas mentais e os conceituais. Qual dessas ferramentas você considera mais aplicável? Por quê?

problema proposto

Resolva a situação-problema a seguir e elabore um relatório de estudo para expor a solução encontrada.

A IES na qual você desenvolve seus trabalhos deseja criar um manual com orientações sobre os novos procedimentos a serem adotados na comunicação com os alunos da nova geração digital. Esse material poderá ser consultado pelos professores a qualquer momento.

Capítulo 05

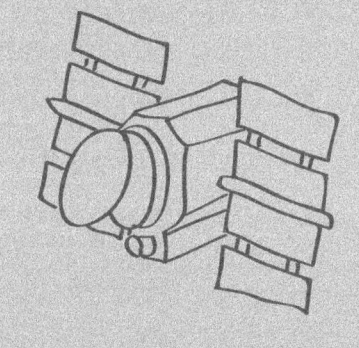

Modalidades do processo de ensino e aprendizagem

Na atualidade, os projetos de cursos para a aquisição de novos conhecimentos são oferecidos em diferentes modalidades, que assinalam o ambiente (presencial, semipresencial ou não presencial) e a forma de desenvolvimento (com acompanhamento, com orientação, de maneira independente ou como autoestudo). Para um melhor entendimento do contexto em que o mediador vai atuar, é essencial estudar os tipos de cursos existentes.

5.1 Cursos presenciais

Os cursos presenciais ocorrem na forma de encontros, nos quais a presença física dos agentes educacionais é condição obrigatória para sua validação como parte integrante do currículo.

Os cursos tradicionais nunca estiveram sob uma saraivada de críticas tão grande, sendo o desencanto uma característica presente nesses ambientes de ensino e aprendizagem. Sua oferta atende ao antigo modelo de sala de aula, aquele que levou Papert (2008) a imaginar a surpresa de viajantes a um tempo futuro, no qual uma única instituição social estaria isenta de alterações sociais e tecnológicas: as instituições de ensino.

Por maior que seja o envolvimento da tecnologia educacional nesse ambiente, a permanência de estereótipos desgastados ofusca a motivação das novas gerações. A variação na forma de entrega dos cursos é uma proposta de mudança e, até mesmo, de fuga dos ambientes tradicionais.

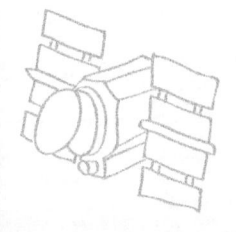

5.2 Cursos semipresenciais

Nos cursos semipresenciais, a carga horária é dividida entre momentos presenciais e não presenciais. Essa modalidade, normalmente chamada de *aprendizagem mista* (*blended learning* ou *b-learning*), é muito utilizada na educação a distância (EaD).

Parece haver uma movimentação social em direção a essa modalidade, motivada tanto por razões econômicas quanto pelas características dos componentes das novas gerações, responsáveis por impulsionar a aprendizagem mista para o topo do *ranking* referente ao futuro imediato.

Os cursos semipresenciais podem acontecer na forma de presença conectada ou de aprendizagem mista.

5.2.1 Presença conectada

A modalidade da presença conectada representa uma das etapas da EaD, conforme seu *status* inicial de ensino por correspondência. A evolução tecnológica foi, aos poucos, inserindo novas formas de desenvolvimento das atividades de ensino e aprendizagem, com a criação de novos ambientes.

A partir de um ponto central – os estúdios –, as imagens de especialistas, colocadas em *broadcasting*, eram levadas a distância. O eufemismo *presença conectada* passou a ser utilizado como uma tática de convencimento, a fim de dar mais credibilidade à proposta – o setor acadêmico e o mercado corporativo desconfiavam da seriedade dela – e obter qualidade no processo.

Na época, a expressão *presença conectada* se sobressaiu ao termo EaD. No entanto, atualmente, com a estabilização desta, aquela nomenclatura perdeu um pouco o significado. Na modalidade em pauta, ao assistir às aulas, o aluno é incentivado ao desenvolvimento da aprendizagem independente, com ou sem a assistência de tutores, caracterizando o atendimento via tutoria presencial ou tutoria *on-line* (síncrona ou assíncrona).

De acordo com Munhoz (2014), a **tutoria presencial** é semelhante à atividade desenvolvida nos polos de apoio presencial, na hora em que o sinal *broadcasting* é enviado ou no horário marcado para o encontro do aluno com o tutor.

Já a **tutoria *on-line* síncrona** é semelhante à atividade desenvolvida de maneira não presencial e efetivada com a presença de interlocutores, de forma conectada, por algum meio de comunicação (Munhoz, 2014). A **tutoria on-line**

assíncrona, por sua vez, é desenvolvida de forma não presencial e sem a presença de interlocutores interligados ao mesmo tempo.

Independentemente da tutoria em questão, o modelo da presença conectada deve perdurar por um bom tempo, tendo em vista que existe um grande número de polos de apoio presenciais (PAP) e que muitos estudantes não se veem desenvolvendo o autoestudo.

5.2.2 Aprendizagem mista

O modelo misto considera a utilização de uma aprendizagem baseada em problemas; a aplicação do conectivismo – teoria em construção –, com a inserção de redes sociais; e a utilização de salas de aula invertidas. Trata-se de uma possível modalidade universal de aprendizagem nos tempos futuros.

5.3 Cursos não presenciais

Os cursos não presenciais são também conhecidos como *aprendizagem eletrônica* (*eletronic learning* ou *e-learning*). Quando essa modalidade conta com o apoio de dispositivos móveis, é também denominada *aprendizagem móvel* (*mobile learning*, ou *m-learning*). Alguns ainda a chamam de *aprendizagem ubíqua* (*ubiquitous learning* ou *u-learning*), em referência ao fato de que o processo educativo pode ocorrer em diferentes locais, com diversas atividades sendo desenvolvidas concomitantemente.

5.3.1 Cursos por correspondência ou em mídias específicas

Mencionamos os cursos por correspondência apenas como uma divisão de gerações na EaD. Embora se trate de uma modalidade não presencial por excelência, com vistas à eliminação das distâncias (Cairncross, 2000), nos dias atuais é encarada mais como uma alternativa do que como um modelo. De todo modo, continua ativa e atende a uma grande demanda por formações pontuais, mais voltadas para a formação inicial continuada. É uma das propostas mais eficientes para a democratização do acesso à educação em tempos menores que os exigidos na educação formal.

5.3.2 Salas de aula eletrônicas, com ou sem acompanhamento tutorial

A presença do aluno na sala de aula fica restrita a processos de avaliação, de apresentação da solução de problemas ou de defesa de trabalhos de conclusão de curso. O acompanhamento tutorial pode ou não ocorrer.

Essa proposta provoca certa desconfiança naqueles que não acreditam na efetivação da aprendizagem independente nem na contribuição das redes sociais para esse processo.

Ainda não existe uma convergência na forma de desenvolvimento; por isso, diferentes abordagens, metodologias e estratégias são utilizadas na dependência do público-alvo. A dificuldade de aceitação inicial parece ter sido superada e, com o surgimento dos *massive open online courses* (MOOCs) e a consolidação – cada vez mais extensiva – da educação aberta, essa proposta tem continuidade garantida. Sua qualidade está diretamente ligada ao desempenho individual e à condição que o jovem e o adulto têm de efetivar a aprendizagem independente.

Nessa modalidade de oferta, é possível se estabelecer uma classificação secundária, em que a variação da presença exigida é um diferencial. Assim, pode haver ambientes de imersão total, como a sala de aula eletrônica, ou de imersão parcial, como a presença conectada ou a aprendizagem mista.

Chegou-se a um ponto em que é possível convergir para uma taxonomia que abrange todas as formas de oferta da educação voltada a jovens e adultos, cada uma aplicável a um caso específico.

5.4 Taxonomia atual

Tendo em vista que as modalidades de oferta do processo de ensino e aprendizagem recebem denominações especiais, organizamos uma proposta de taxonomia, a qual apresentamos a seguir:

- **Ensino presencial** – Ainda é o modo mais comum de formação e se refere ao ensino convencional, que ocorre por meio da comunicação direta entre professor e aluno. O conhecimento é transmitido em um formato assistencialista, e o professor desempenha o papel de detentor e reprodutor universal do conhecimento – estereótipo que está em queda no contexto atual.
- **Presença conectada** – Utilizada na sequência da educação por correspondência, como resultado direto da evolução tecnológica, com o surgimento da televisão, e da distribuição do sinal televisivo no formato *broadcasting* (disseminação e recebimento de sinal em localidades geograficamente distribuídas). A modalidade recebeu esse nome em razão da sincronia exigida dos alunos com o contato a distância. A interatividade é limitada e pode-se contar ou não com o apoio de tutores, que, quando presentes, captam as perguntas e transmitem as mais pertinentes ao professor especialista que se encontra no estúdio central. É ainda utilizado, mas a tendência é que, aos poucos, esse formato vá perdendo forças, em virtude da evolução tecnológica e do aumento da demanda por formação permanente e continuada.
- **B-learning –** Também conhecida como *aprendizagem mista*, essa abordagem configura, segundo Munhoz (2016c), ambientes considerados semipresenciais. Eles são chamados ainda de *ambientes híbridos*, visto que parte do ensino tradicional, oferecido face a face, é substituído por momentos não presenciais, nos quais o aluno desenvolve seus estudos de forma independente (uma das aplicações mais recentes são as salas de aula invertidas).
- **E-learning –** Também chamada de *aprendizagem eletrônica*, essa abordagem ocorre com níveis variados de imersão do aluno (Munhoz, 2016c). Em caso de imersão parcial, ela se transforma em *b-learning* e, quando a imersão é total, pode haver acompanhamento (uso de tutoria em localidades

geograficamente distribuídas, transformando-se em presença conectada) ou não (independência total do aluno).

- **M-learning** – Também denominada de *aprendizagem móvel*, o surgimento e o desenvolvimento dessa abordagem estão diretamente ligados à evolução dos dispositivos móveis (*tablets, smartphones, wearable technology* etc.). Ela tem o mesmo significado que a aprendizagem eletrônica; o que muda é apenas o meio.
- **U-learning** – Derivada do *e-learning* e, posteriormente, do *m-learning* (Munhoz, 2016c), a proposta leva em consideração a efetivação – de forma lógica – da presença de pessoas em locais diferentes ao mesmo tempo, as quais desenvolvem atividades também distintas, sendo uma destas relacionada ao processo de ensino e aprendizagem.

Independentemente da modalidade, o que se pode observar é a ebulição do ambiente acadêmico. Isso ocorre diante da possibilidade, cada vez mais próxima, de a universidade sofrer alterações sensíveis em suas estruturas físicas e sociais e no relacionamento com o mercado. Novas metodologias são adotadas e são cada vez maiores os apelos para que os professores aceitem a diferença existente entre a forma de ensinar jovens e adultos e o modo como eles aprendem.

Termos importantes

Broadcasting – Forma de transmissão de dados em que todos recebem a mesma informação simultaneamente. Há possibilidade de interação, desenvolvida, muitas vezes, com o apoio de tutores locais (Dicionário Informal, 2017).

Educação aberta – Abordagem simplificada que traz um aspecto democratizante no acesso ao processo de ensino e aprendizagem (Iiyoshi; Kumar, 2008). Não é exigido conhecimento anterior e o aluno não precisa prestar vestibular. Não há necessidade de procedimentos presenciais de matrícula e a exigência de documentos é mínima. Essa proposta, apoiada somente na aprendizagem independente, é desenvolvida de modo que a pessoa pode acessar a qualquer momento e em qualquer lugar os conteúdos escolhidos pelos participantes. Eles são obtidos por meio de pesquisas na internet ou em outros locais, conforme as informações fornecidas por um orientador.

Na atualidade, grandes instituições fazem com que, contra pagamento, seja oferecida certificação aceita pelos órgãos reguladores da educação em diversos países.

Eliminação das distâncias – Essa situação, que ocorre na atualidade, é decorrente da grande evolução da telecomunicação (Cairncross, 2000). Ela torna as pessoas interconectadas em tempo real, com profundas alterações em diversos aspectos sociais.

Gerações na EaD – Acompanhamento que se propõe a criar uma taxonomia esparsa no tempo, com vistas a mudanças significativas nas formas de oferta da EaD em ambientes virtuais de aprendizagem (Munhoz, 2016b). Elas são marcadas por pontos de inflexão importantes na evolução e no uso das tecnologias.

Polos de apoio presenciais – Importantes pontos de apoio para o ensino a distância – como as localidades às quais o sinal *broadcasting* é enviado na modalidade da presença conectada –, onde o aluno distante pode obter materiais, apoio logístico para o desenvolvimento de suas atividades e apoio tutorial (Munhoz, 2014).

saiba +

Observe o tema proposto na primeira coluna, acesse o material indicado na segunda e desenvolva a tarefa sugerida na terceira.

Tema	Referência	Atividade
Formas de tutoria	SOUZA, C. A. et al. Tutoria na educação a distância. In: CONGRESSO INTERNACIONAL DE EDUCAÇÃO A DISTÂNCIA, 11., 2004, Salvador. **Anais**... Salvador, 2004. Disponível em: <http://www.abed.org.br/congresso2004/por/htm/088-TC-C2.htm>. Acesso em: 7 dez. 2017.	Leitura complementar

(continua)

(conclusão)

Tema	Referência	Atividade
Polos de apoio presenciais	CABEDA, M. et al. Uma nova forma de polo de apoio presencial para EaD: o Polo dos Sonhos. In: CONGRESSO INTERNACIONAL DE EDUCAÇÃO A DISTÂNCIA, 16., 2010, Foz do Iguaçu. **Anais**... Foz do Iguaçu, 2010. Disponível em: <http://www.abed.org.br/congresso2010/cd/2842010101650.pdf>. Acesso em: 18 dez. 2017.	Leitura complementar associada a artigo de opinião sobre o tema
Gerações na EaD	FONTES, M. A. R. As cinco gerações tecnológicas na educação a distância. **Web Artigos**, 18 jun. 2013. Disponível em: <http://www.webartigos.com/artigos/as-cinco-geracoes-tecnologicas-na-educacao-a-distancia/109451/>. Acesso em: 18 dez. 2017.	Leitura complementar
Aspectos sociais da eliminação de distâncias	TORI, R. Avaliando distâncias na educação. **Abed – Associação Brasileira de Educação a Distância**, 22 nov. 2005. Disponível em: <http://www.abed.org.br/site/pt/midiateca/textos_ead/638/2005/11/avaliando_distancias_na_educacao_>. Acesso em: 7 dez. 2017.	Leitura complementar

Questões para revisão

1. Discorra sobre uma das formas possíveis de tutoria na EaD.
2. Acesse o *site* da Universidade Aberta do Brasil (<http://www.capes.gov.br/uab>) e, com base nos estudos desenvolvidos por essa instituição, apresente uma sinopse sobre a estruturação de polos de apoio presenciais.
3. Questione a divisão da EaD em gerações.
4. Analise os efeitos do fim das distâncias nos âmbitos social e escolar em virtude da evolução das tecnologias de comunicação.
5. Em sua opinião, qual é o modelo mais apropriado para a EaD no Brasil?

problema proposto

Resolva a situação-problema a seguir e elabore um relatório de estudo para expor a solução encontrada.

Preocupada com os problemas que vem enfrentando com os cursos presenciais oferecidos em ambientes tradicionais, uma IES pretende desenvolver um estudo que motive os professores a realizar trabalhos em ambientes semipresenciais de ensino e aprendizagem enriquecidos com tecnologia.

Capítulo 06

Mídias sociais no contexto educacional

Como a mídia social está mudando a educação? Para obter essa resposta, basta analisar nosso contexto social. Quando se observa as pessoas nas ruas, em *shoppings* ou em restaurantes, por exemplo, é possível perceber que a maioria delas está conectada à rede em algum dispositivo móvel.

6.1 A mídia social

A mídia social permeia todo o tecido social, a ponto de se tornar, segundo especialistas em saúde, um vício insalubre para as pessoas.

Quintanilha (2012) considera que as mídias sociais são espaços abertos na grande rede para o desenvolvimento de processos de interação entre os usuários. Nelas os participantes podem dialogar e compartilhar informações com finalidades tanto pessoais quanto profissionais. Porém, sua utilização durante a execução de atividades que exigem atenção, como dirigir um carro, pode provocar acidentes. Infelizmente, eventos desse tipo são cada vez mais comuns, pois poucos indivíduos respeitam as restrições impostas.

A interferência das redes sociais (Facebook, Twitter, LinkedIn etc.) na vida das pessoas é tão grande que os sociólogos consideram necessária a realização de estudos nesse sentido (Castells, 2003; Giddens, 2012; Feenberg, 2012). Por conta disso, multiplicaram-se as pesquisas relacionadas aos efeitos da intervenção dos meios de comunicação social na educação. Um de seus resultados mais imediatos e visíveis são os estudos acerca da busca de uma nova teoria de aprendizagem, que esteja mais voltada para a geração digital e apresente diferentes formas de comunicação. Assim, o conectivismo, ainda em construção, mostra-se como a teoria de aprendizagem mais aplicável ao contexto atual.

Em um panorama de utilização extensiva das redes sociais, não são poucas as instituições de ensino superior que se lançam em atividades de *marketing* social como forma de atrair interessados, engajar um bom número deles em seus cursos e buscar a motivação necessária para sua permanência, valorizando a utilização de uma linguagem mais próxima à deles. Dessa forma, justifica-se a realização de um levantamento sobre o pensamento e a atuação desses jovens e adultos, por meio de pesquisas sobre as novas metodologias a serem aplicadas às gerações atuais.

A **questão norteadora** é: "As mídias sociais podem ser consideradas uma ferramenta de apoio às atividades de ensino e aprendizagem ou elas representam apenas uma forma de diversão para as pessoas que as utilizam de forma extensiva?". Esse questionamento pode ser transformado em uma hipótese, a ser validada ou falseada mediante estudos, como: "As mídias sociais proporcionam melhoria na qualidade de ensino na sociedade atual".

Felizmente, alguns professores respondem aos apelos da nova geração e passam a explorar os benefícios que a mídia social propicia à educação. Segundo estudos desenvolvidos pelo *Top Universities* (Tucker, 2014), 75% dos jovens e adultos acessam as mídias sociais quando em atividades nas instituições de ensino superior (IES). A geração interconectada revela, assim, a influência que as mídias sociais exercem na educação.

Eles compartilham de tudo: arquivos, filmes, músicas. Além disso, efetuam debates, com a criação de *hashtags* voltadas para um professor ou um curso em particular ou para a instituição de ensino como um todo. Dessa maneira, eles captam todo tipo de informação e a avaliação de atividades, o que deixa muitas IES receosas em adotar essa perspectiva de forma aberta. Afinal, tudo o que é feito nas redes sociais é amplificado, tanto os acertos quanto os erros. Em outras palavras, elas podem tanto estabelecer quanto destruir reputações.

De todo modo, a aplicação de enquetes pode facilitar atividades de retorno (*feedback*) em tempo real. Comunidades de discussão podem ser instituídas e direcionar uma sala de aula eletrônica. Quando as pessoas sabem que seus comentários podem ser lidos por seus pares e fazer alguma diferença, as postagens na internet se multiplicam de forma assustadora.

Os professores são inseridos nessa "febre", pelo menos aqueles que se prepararam por meio de algum processo de alfabetização tecnológica. Entre os demais, é comum o medo de que sua inexperiência se torne um "meme", o que os afasta de qualquer participação na grande rede.

Para que a comunicação virtual seja mais efetiva e produtiva, alguns pontos precisam ser melhorados, sobretudo no que diz respeito à gramática, à ortografia e à pontuação. Todas essas constatações ainda deixam dúvidas, e a pergunta torna-se mais sintética: A mídia social pode realmente desempenhar um papel de destaque no ensino universitário?

6.2 Inserção no ensino universitário

A pergunta com a qual encerramos a Seção 6.1 traz uma proposta de afunilamento do que foi apresentado anteriormente. As pesquisas centram-se em diferentes ofertas de ensino a distância, efetivado nos ambientes virtuais de aprendizagem.

Os modelos de EaD adotam, em geral, tendências e avanços tecnológicos em evidência, voltados a promover e a melhorar a comunicação entre os participantes dos cursos ofertados.

Nesse contexto, os *massive open online courses* (MOOCs) surgem como o exemplo mais sensível, não somente por sua multiplicação e suas formas de desenvolvimento, mas principalmente pelo elevado número de alunos matriculados nessas iniciativas – eles podem chegar a mais de 20 mil em um único curso.

Na efetivação desses cursos, a participação dos alunos mostra-se mais ativa quando as redes sociais são inseridas como meio de comunicação. Nesse caso, as taxas de evasão, normalmente elevadas, acabam diminuindo. Na opinião de alguns educadores mais entusiastas, a escola derrubou os muros que a separavam da sociedade e abriu suas portas e janelas virtuais para o mundo que cerca as IES. Duas décadas atrás, nem o mais otimista dos educadores podia prever uma conexão entre a escola e o mundo.

Essa afirmação pode ser confirmada pela simples observação dos portais educacionais das IES. Em praticamente todos, há um sistema de gerenciamento de conteúdo e aprendizagem colocado à disposição dos alunos. Em alguns casos mais liberais, essa oferta estende-se à comunidade subjacente ou à global, embora o idioma ainda seja uma barreira significativa.

As siglas *b-learning*, *e-learning* e *m-learning* caracterizam a forma de oferta de muitas iniciativas tomadas pelas IES. Em todas elas, observa-se o aumento do privilégio concedido às redes sociais, entre elas o Twitter, com suas *hashtags*. Ele se destaca como uma forma de comunicação extensiva, em tempo real e que pode conectar, ao mesmo tempo, muitas pessoas para a solução de algum problema existente no contexto.

Nesse sentido, surge o conceito de *poder da multidão*, que valida a afirmativa de que "nós sabemos mais do que eu", proposta por Rucker (2015). A magia das multidões espalha-se em diversas direções e tende a transformar-se em um polvo, com muitos tentáculos. Para Munhoz (2015b), o poder da multidão mostra-se, cada vez mais, um forte recurso para que as pessoas se ajudem entre si, até mesmo em questões financeiras (*crowdfunding*).

Atualmente, não há muitas discussões sobre o modo como a liberação das mídias sociais influencia a educação e possibilita o aumento de sua qualidade. Os estudos recentes concentram-se na seleção da frequência e no volume de informações que poderá ser compartilhado; esse fato revela que a aceitação de tais mídias finalmente aconteceu, e de maneira melhor que a esperada.

Pouco tempo depois de seu surgimento, em quartos escondidos de universidades americanas, as mídias sociais explodiram e transformaram o mundo e a forma como interagimos uns com os outros. Essa interação pode acontecer nos níveis pessoal, de negócios e, agora, de desenvolvimento de atividades de ensino e aprendizagem. O mundo está cada vez mais próximo da aldeia global enunciada por McLuhan (2001).

Um grande trunfo das mídias sociais no contexto das IES é o fato de estas não precisarem estabelecer estratégias de motivação ou criar novas metodologias. A utilização dessas ferramentas é suficiente para conquistar os alunos, sendo o nível de rejeição praticamente inexistente. Portanto, conversar com os estudantes em um meio que lhes é familiar faz todo sentido.

Nesse panorama, outra mídia se afirma: vídeos distribuídos no YouTube começam a ser extensivamente utilizados em educação. Assim, os professores estão prestes a se tornar *youtubers*, na medida em que criam canais, distribuem aulas e trocam informações por meio de um equipamento simples: a *webcam*.

Essas são algumas das novas e atraentes formas de educar os estudantes, inclusive aqueles focados em nosso estudo: jovens e adultos do ensino universitário.

Termos importantes

Comunidades de discussão – União de grupos virtuais com a finalidade de discutir temas de interesse em comum ou de esclarecer as dúvidas dos participantes (Munhoz, 2016b).

Dispositivo móvel – Equipamento (*tablet*, *smartphone etc.*) que permite o transporte de arquivos e a comunicação entre pessoas em ambientes *on-line*. A evolução desse aparelho está revolucionando o mercado e mudando a face de algumas aplicações (Hecke, 2013).

Hashtags – Palavras-chave precedidas pelo símbolo # que tornam uma postagem acessível às pessoas interessadas em acessar seu conteúdo e participar, de alguma forma, de determinada rede social. Elas aparecem como *hiperlinks*, que, ao serem clicados, exibem as respectivas mensagens (Dicionário Informal, 2017).

Marketing social – Ação mercadológica institucional voltada à venda de serviços ou produtos, a qual também pode ser desenvolvida nos ambientes virtuais (*e-commerce*) (Popadiuk; Marcondes, 2000).

YouTube – *Site* em que as pessoas podem publicar vídeos, os quais ficam disponíveis para visualização na internet (Dicionário Informal, 2017).

Youtubers – Criadores de vídeos para o YouTube, mídia social mais ativa com relação à distribuição de vídeos. O *site* pode tornar-se um negócio rentável para aqueles que criam roteiros atraentes, que chamam a atenção das pessoas (Munhoz, 2016b).

Observe o tema proposto na primeira coluna, acesse o material indicado na segunda e desenvolva a tarefa sugerida na terceira.

Tema	Referência	Atividade
Atividades *crowd*	AVYZ, A. Crowd-tudo. **Cultura Digital**, 4 jan. 2012. Disponível em: <http://culturadigital.br/deavyz/2012/01/04/crowd-tudo/>. Acesso em: 8 dez. 2017.	Leitura complementar
Comunidade de discussão	COMO iniciar uma comunidade de discussão online. **Wikihow**. Disponível em: <http://pt.wikihow.com/Iniciar-uma-Comunidade-de-Discuss%C3%A3o-Online>. Acesso em: 8 dez. 2017.	Criação de uma comunidade de discussão *on-line*
Youtuber	COMO ser youtuber. **Novo Negócio**. Disponível em: <http://www.novonegocio.com.br/ideias-de-negocios/como-ser-youtuber/>. Acesso em: 8 dez. 2017.	Leitura complementar
Marketing social	MORCERF, S. de O.; SEABRA, T. C. **Marketing social**: a estratégia de mudança do comportamento social. Disponível em: <http://web.unifoa.edu.br/cadernos/edicao/01/71.pdf>. Acesso em: 8 dez. 2017.	Leitura complementar

Questões para revisão

1. Qual é sua interação com dispositivos móveis?
2. Como é sua participação em comunidades de aprendizagem?
3. Você utiliza o YouTube em atividades educacionais? Com que frequência?
4. Você já atuou como *youtuber*? Em caso afirmativo, relate essa experiência.
5. Como você utiliza as redes sociais?

problema proposto

Resolva a situação-problema a seguir e elabore um relatório de estudo para expor a solução encontrada.

Em virtude da exigência dos alunos, uma IES que oferece cursos em diversas formas de entrega quer inserir em seu contexto as mídias sociais. Para tanto, a instituição necessita desenvolver um manual de procedimentos para obtenção de qualidade no processo de ensino e aprendizagem em ambientes enriquecidos com tecnologia.

Capítulo 07

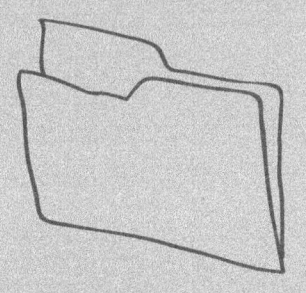

Uma visão sobre o conectivismo

A chegada de uma nova geração aos bancos escolares das universidades, a qual se mostra insatisfeita com os métodos tradicionais de ensino e aprendizagem, requer novas formas de ensinar e aprender.

O conectivismo, compreendido como uma teoria de aprendizagem em construção, rende-se à tecnologia educacional e à valorização das redes sociais, respeitando sempre a cultura dos alunos jovens ou adultos.

7.1 Proposta do conectivismo

A princípio, o conectivismo pode ser considerado a busca de significação para a aprendizagem efetivada em rede. Downes (2012) levanta a tese de que o conhecimento se distribui nos meandros das conexões que podem ser estabelecidas na internet. O segredo da aprendizagem está associado à capacidade que pode ser adquirida durante a construção dessas redes de relacionamento e a navegação por elas de forma segura, objetiva e favorável.

A proposta do conectivismo une três diferentes domínios: conhecimento, aprendizagem e comunidade. Para Downes (2012), o **conhecimento** é composto de conexões que os seres humanos estabelecem por meio de interações intensivas. Já a **aprendizagem** está relacionada também ao modo como essas conexões se ajustam. A **comunidade**, por sua vez, é formada por pessoas que têm um interesse em comum, o que serve para cimentar os relacionamentos.

Quando nesses relacionamentos ocorre uma criação de significação, o processo pode tornar-se produtivo, ensejando a aquisição de conhecimentos já acabados e a criação de novos conhecimentos. Isso ocorre por meio de interações entre os sujeitos envolvidos, portanto aquilo que aprendemos está distribuído em uma extensa rede de conexões.

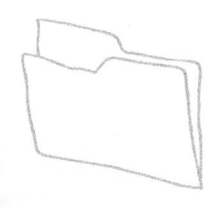

A colaboração de indivíduos autônomos possibilita o desenvolvimento de atividades criativas e de expressão para pessoas envolvidas em um mesmo propósito. Nos *massive open online courses* (MOOCs), por exemplo, é possível que pessoas sem nenhum conhecimento acadêmico acessem uma comunidade em que esse saber é especializado graças a alguns participantes. Ao final das interações, a inteligência coletiva pode nivelar esse conhecimento em pontos específicos e, a partir daí, permitir a criação de outros. A sinergia gerada pode especializar em dado assunto pessoas até então leigas no tema.

Essa proposta difere de um sistema baseado em instrução e memória, pois as pessoas aprendem de forma ativa, por meio da descoberta e da comunicação, já que a curiosidade do ser humano e sua vontade de vencer desafios são colocadas à prova. O intuito não é mais a transferência do saber do professor para o aluno de forma acabada. É importante que o estudante tente compreender como determinado conhecimento foi criado, o que motivou seu surgimento e como os estudos foram direcionados, além da proposta de reprodução desses resultados.

As expressões originadas na grande rede, que mesclam comportamentos, interações, manipulações, emoções etc., são responsáveis pela criação do conhecimento em uma forma de aprendizagem aberta. Nela, a pessoa aprende porque quer aprender, ou seja, a aprendizagem ganha uma significância diferenciada, tornando o que se aprende algo retido, sem a necessidade de esforços adicionais.

Desse modo, segundo a proposta de Siemens (2008), estudada e ampliada por Downes (2012), nosso conhecimento é o estado da organização que resulta em nosso cérebro depois que as interações são desenvolvidas nessa rede de conexões. Em resumo, a aprendizagem é um processo em rede, caracterizado como *on-line*. Nesse caso, o professor manifesta-se como um orientador, como alguém que acompanha o aluno e, com ele, dá uma nova instância ao conhecimento já existente ou permite a criação de novos conhecimentos.

Os auxiliares, inestimáveis nesse processo, ainda privilegiam o conteúdo presente em textos, agora desenvolvidos de forma digital e completados com imagens, áudios, vídeos e animações, que podem ser facilmente trocados nas redes sociais. É um processo mais completo e sensorial, em que o visual e a prática do que se aprende são mais significativos.

A fragmentação de ideias complexas em conceitos simples parece ser uma norma na grande rede, o que justifica o elevado interesse no desenvolvimento de objetos de aprendizagem. O sistema de gestão de conteúdo torna-se um sistema de gestão de aprendizagem, e a educação a distância (EaD) pode transformar-se em aprendizagem a distância (AaD), conforme proposta efetivada por Litto e Formiga (2009).

A aprendizagem assim capturada tem sido rotulada como *eletrônica*, mas as discussões em torno desse ponto não apresentam muito sentido; por isso, neste momento, não nos aprofundaremos no assunto.

O apoio de materiais não mais criados ou indicados pelo professor acontece na própria rede, exceto no que tange à sua apresentação nas fases iniciais do processo. O desenvolvimento de atividades de mineração de dados (*data mining*), sua coleta e sua transformação para armazenamento (*data warehouse*) remetem à conceituação da proposta *big data* e ao surgimento da atividade *analysis*.

Ocorre, então, o empoderamento da capacidade do aluno e abre-se caminho para que ele readquira a criatividade e a iniciativa perdidas por causa de uma visão coercitiva, que o impedia de aprender pelo erro.

Outro aspecto que merece destaque é a efetivação, na grande rede, de atividades que envolvem multidões (*crowdsourcing*). A cooperação é fundamental no conectivismo, visto que essa teoria está fundamentada em conexões decorrentes do desenvolvimento de relacionamentos na rede.

7.2 Tecnologias envolvidas

As tecnologias envolvidas no conectivismo são utilizadas para o estabelecimento de salas de aula eletrônicas, com diferentes formas de oferta de cursos e tipos de assistência variados, os quais poderão ser substituídos por interações nas redes sociais.

Nessas salas, as redes sociais serão utilizadas de forma extensiva, e os cursos mais comumente desenvolvidos serão semelhantes aos MOOCs, mesmo que existam iniciativas em que o processo de imersão (parcial ou total) seja a forma de entrega escolhida. Iniciativas de aprendizagem informal completam esse cenário.

Com a tendência ao atendimento de cursos de maior duração, construídos com base em um projeto instrucional, ainda não existem propostas que tenham se efetivado e promovido a validação da teoria.

Nas salas de aula eletrônicas, o público-alvo é formado por jovens e adultos, em virtude do elevado grau de independência proposto para o ambiente, o que pode resultar em uma situação de heutagogia, ou seja, independência total com relação à efetivação do autoestudo.

As estratégias de trabalho apoiam-se na aprendizagem baseada em problemas, desenvolvida em grupos, e podem incluir novas metodologias, como salas de aula invertidas, gamificação e *peer instruction*.

Sua implantação prevê algum sistema de gerenciamento de conteúdo e aprendizagem (SGCA) para a criação de ambientes de interação extensiva com acesso às redes sociais. Grande parte dos trabalhos e das atividades é desenvolvida de forma independente, dando-se preferência àqueles que são realizados diretamente na grande rede. Em alguns casos, propõe-se a criação de um repositório de recursos educacionais abertos (REA). Além disso, durante a efetivação dos cursos, podem-se aplicar técnicas *wiki* para o desenvolvimento de materiais, que permanecem na nuvem para o uso de novos participantes, sempre com a proposta de adoção de licenças Creative Commons.

De acordo com Downes (2012), no que diz respeito à utilização do conectivismo, são determinantes no ambiente os seguintes fatores: interação, usabilidade das interfaces, relevância do conteúdo e personalização.

7.2.1 Interação

A interação é a capacidade de comunicação com pessoas que estão interessadas no mesmo tópico ou desenvolvem o mesmo processo de formação. Como essa abrangência envolve todos os agentes educacionais, um aluno pode contatar os professores; a área administrativa; outros estudantes, da mesma iniciativa ou de outra; e até mesmo aqueles que já tiveram suas propostas encerradas.

É importante levar em consideração que "lá fora" existem pessoas e, portanto, não nos comunicamos apenas com máquinas. Os contatos desse tipo devem ser estabelecidos, quase que obrigatoriamente, entre seres humanos. Afinal, nada é mais frustrante em uma atividade de ensino e aprendizagem do que conversar com uma máquina. Dessa forma, promove-se o desenvolvimento do conteúdo humano e nada é previamente empacotado.

Em um ambiente com essas características, é comum o aluno encontrar a solução para os problemas em listas de discussão ou de comunidades de prática, sem a intervenção de orientadores. Isso abre possibilidade para a efetivação de um elevado nível de aprendizagem independente.

7.2.2 Usabilidade das interfaces

A usabilidade, elemento conhecido tanto pelos desenvolvedores, projetistas instrucionais e professores quanto pelos usuários, representa o número de sucessos em relação ao de tentativas. Esse elemento pode ser afetado por características pessoais dos usuários.

Quanto maior a usabilidade, maior o grau de participação do candidato e, consequentemente, maiores as possibilidades de interação extensiva e de obtenção de resultados satisfatórios. A chave para o sucesso está na simplicidade da interface, o que não significa pobreza de recursos, mas facilidade de acesso. De quanto menos ajuda o usuário necessitar para navegar no ambiente, maiores as chances de êxito.

É importante o professor navegar pelas mais variadas interfaces, pois, assim, adquirirá experiência e poderá aperfeiçoar o *site* da instituição em que trabalha, caso esta ofereça cursos em ambientes com essas características. Vale a máxima: "Quanto mais simples, mais veloz. Quanto mais veloz, menos chato. Quanto menos chato, maior a permanência do aluno no ambiente e, por conseguinte, maior a possibilidade de interações valiosas".

7.2.3 Relevância do conteúdo

Quando a escolha é direcionada àquilo de que o aluno precisa, seja para sua vida pessoal, seja para sua vida profissional, bons resultados são alcançados. Uma mesma atividade pode apresentar diferentes níveis de importância para alunos distintos, ou seja, a relevância está associada às características particulares de cada pessoa no ambiente.

Quanto maior a independência, maior o rendimento do aluno. No entanto, se em alguma etapa ele encontrar dificuldades, poderá solicitar apoio aos orientadores ou aos membros de redes sociais ligadas ao processo em foco. Eles estão no ambiente justamente para desenvolver sua ação e sua prática profissional e, de quebra, aprender ao lado do aluno.

A chave para o sucesso da relevância também é a simplicidade. Quanto mais facilitadas, mais agradáveis as atividades de *data mining* e *data warehouse* e, consequentemente, melhores os resultados obtidos.

7.2.4 Personalização

Nos MOOCs e nos ambientes criados com base nos fundamentos do conectivismo, verifica-se uma tendência que se inclina para a transformação dos ambientes virtuais de aprendizagem (AVA) em ambientes personalizados de aprendizagem (APA).

Um APA visa atender às questões de aprendizagem adaptativa, que, por sua vez, busca respeitar as diferentes formas como cada ser humano, como entidade única, desenvolve sua aprendizagem. A evolução da neuropedagogia faz com que se agreguem metodologias diversas, como as inteligências múltiplas e o trabalho com os hemisférios direito e esquerdo do cérebro, que age como um catalizador de novidades no campo educacional. Isso configura um conjunto de aprendizagens ativas apoiadas em ideias didáticas e pedagógicas de elevado grau de criatividade e voltadas à iniciativa e à inovação.

Cabe ressaltarmos que, quando se mantêm certos aspectos tradicionais no ambiente, perante uma grande quantidade de inovações, a personalização acaba sendo omitida. Com a parametrização do ambiente, fornecem-se informações necessárias para a obtenção de uma aprendizagem eletrônica eficaz, com ganhos para o conectivismo. Dessa forma, atendida essa série de condições, o ambiente será mais produtivo e agradável.

7.3 Conectivismo e outras abordagens

Nossas considerações, apesar de não abordarem o conectivismo em sua totalidade, revelam ao professor e ao projetista instrucional a importância do papel deles para as novas gerações que chegam aos bancos escolares das universidades brasileiras.

Como mencionamos anteriormente, o conectivismo é a tese de que o conhecimento se distribui por uma rede de conexões. Já a aprendizagem é a demonstração de que o indivíduo está apto a construir e a navegar por essa rede. No ambiente em questão, todas as ações são intencionais e cooperativas.

São comuns críticas à ausência de um formalismo, na medida em que o conectivismo imagina que os participantes estão de acordo com a metodologia estabelecida, vivenciam-na no âmbito pessoal e apenas estendem as interações, agora com outro objetivo.

O conectivismo não tem qualquer intenção de desconstruir as teorias já existentes. A diferença entre a primeira abordagem e as demais está centrada no fato de que aquela leva em conta a existência de um ambiente enriquecido com tecnologia, percorrido por pessoas que têm um elevado grau de alfabetização tecnológica.

De todo modo, o conectivismo não pode ser considerado melhor ou pior que as outras abordagens; ele simplesmente encara o processo de ensino e aprendizagem sob uma ótica tecnicista, divergindo das visões pedagógicas, que desconsideram a aplicação da tecnologia educacional e a existência de alunos com características diferentes no que se refere ao desenvolvimento de atividades.

Termos importantes

Analysis – Atividade resultante da criação de grandes bases de dados (*big data*). Contém dados que serão convertidos em informações não estruturadas, as quais serão analisadas e estruturadas para posterior uso em tomadas de decisão (Munhoz, 2015a).

Aprendizagem aberta – Proposta de oferta de atividades educacionais que não exigem requisitos. Normalmente não apresentam custos e podem ser desenvolvidas pelos alunos da forma como lhes é mais conveniente; a escolha de locais, horários e conteúdos ficam sob a responsabilidade dos próprios estudantes (Munhoz, 2016b).

Big data – Proposta de armazenamento de uma grande quantidade de dados.

Criação de significação – Processo que ocorre quando uma representação mental, sinais, gestos etc. são compreendidos pelo elemento que coloca determinado assunto em forma de objeto de estudo (Leite, 2000).

Crowdsourcing – Formas possíveis de desenvolvimento de atividades (sem interesses financeiros), as quais exigem a colaboração de outras pessoas (Munhoz, 2015b).

Inteligência coletiva – Teoria que aborda a possibilidade de nivelamento dos conhecimentos adquiridos nos ambientes virtuais, após a troca de informações entre pessoas colocadas, inicialmente, em diferentes níveis e que, ao final, apresentam o mesmo conhecimento em igual ou maior nivelamento (Lévy, 2014).

Interações – Atividades de relacionamento, conversa, troca de informações ou qualquer contato desenvolvido em ambientes que favoreçem a comunicação entre seus participantes (Dicionário Informal, 2017).

Peer instruction – Forma diferenciada de abordagem do processo de ensino e aprendizagem. Mais conhecida como *instrução entre pares*, abrange a troca de informações e o desenvolvimento de estudos que extrapolam o tempo de permanência na escola. É muito aplicada nas áreas de ciência (Mazur, 2015).

> **Recursos educacionais abertos (REA)** – Repositórios de mídias que são colocados à disposição da comunidade na forma de licenciamento *Creative Commons* e facilitam aos professores e aos alunos a obtenção de recursos para o desenvolvimento de pesquisas e estudos (Munhoz, 2016b).

saiba +

Observe o tema proposto na primeira coluna, acesse o material indicado na segunda e desenvolva a tarefa sugerida na terceira.

Tema	Referência	Atividade
Big data	BIG DATA: o que é e por que é importante? **Sas**. Disponível em: <http://www.sas.com/pt_br/insights/big-data/what-is-big-data.html>. Acesso em: 11 dez. 2017.	Leitura complementar
Inteligência coletiva	PIERRE Lévy, o defensor da inteligência coletiva. **CRE Mario Covas**. Disponível em: <http://www.crmariocovas.sp.gov.br/esp_a.php?t=001>. Acesso em: 11 dez. 2017.	Leitura complementar associada a artigo de opinião sobre o tema
Aprendizagem por descoberta	GOÉS, U. T. T. Aprendizagem por descoberta autônoma dos fenômenos ópticos no ensino fundamental. In: CIAED – CONGRESSO INTERNACIONAL ABED DE EDUCAÇÃO A DISTÂNCIA, 21., 2015, Bento Gonçalves. **Anais**... Bento Gonçalves, 2015. Disponível em: <http://www.abed.org.br/congresso2015/anais/pdf/BD_9.pdf>. Acesso em: 11 dez. 2017.	Leitura complementar

Questões para revisão

1. Analise o processo *big data* no processo de ensino e aprendizagem.
2. Discorra sobre pelo menos um aspecto positivo da metodologia *peer instruction*.
3. Relacione a aprendizagem por descoberta aos métodos propostos nos ambientes tradicionais.
4. Disserte sobre um aspecto negativo da inteligência coletiva.
5. Qual é a sua opinião a respeito da criação e da utilização de repositórios educacionais abertos?

problema proposto

Resolva a situação-problema a seguir e elabore um relatório de estudo para expor a solução encontrada.

Uma IES em fase de mudanças internas em seu processo de ensino e aprendizagem pretende adotar, em seu projeto educacional, as recomendações do conectivismo. Para tanto, necessita de um programa de orientação voltado à formação dos professores e ao nivelamento dos alunos, com vistas a uma participação mais ativa dos agentes educacionais envolvidos. Como obter o engajamento necessário?

Blogs

Capítulo 08

Tipos de mediação nos ambientes de aprendizagem

A caracterização dos ambientes de aprendizagem para jovens e adultos como aqueles nos quais a interveniência da tecnologia educacional é elevada requer um detalhamento dos processos de mediação entre os agentes educacionais e entre estes e a tecnologia subjacente. Essa mediação ocorre em dois níveis diferenciados: pedagógico e tecnológico.

8.1 Mediação pedagógica

A mediação entre os atores, ou *mediação pedagógica*, como é conhecida no meio educacional, é de importância crucial. Dizemos isso porque, de forma crescente, muitos alunos praticam, por iniciativa própria ou por sugestão do professor, a aprendizagem de modo independente.

O estudante não mais se restringe ao que se considerava a prática mais correta nos ambientes presenciais de ensino e aprendizagem, ou seja, à ajuda prestada pelo professor na realização de atividades previstas nos projetos instrucionais. Essa simplicidade não pode, nem em conceito, ser mantida em ambientes enriquecidos com tecnologia. Esse tipo de proposta é repudiado por todos os agentes educacionais, até mesmo pelo próprio professor, quando se tem consciência da importância da interação contínua de um professor no ambiente.

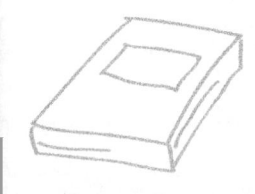

Desse modo, a **presença social** do professor na vida do aluno se transforma em um diferencial qualitativo no processo. Essa perspectiva teve um campo de estudos definido nos primórdios da aplicação da EaD para atividades de ensino e aprendizagem. Tal característica, resultante de estudos sobre a importância de o participante de dado ambiente sentir-se parte de algo, motivou uma das teorias mais utilizadas na EaD: a **teoria da interação social e comunicação**, enunciada por Holmberg (2005). Segundo o autor, quando essa situação acontece, o envolvimento e o aproveitamento do aluno crescem em qualidade.

Os professores passam, em uma visão mais ampla, a ser compreendidos como mediadores do processo de vida dos alunos, principalmente quando o papel de orientador ganha destaque. O professor torna-se um mediador cultural, que procura recuperar a riqueza do relacionamento com o aluno, perdida nos ambientes tradicionais e essencial nos ambientes enriquecidos com tecnologia.

O relacionamento entre professor, conhecimento e aluno ganha novos contornos, já que a orientação pressupõe que se acompanhe o estudante mais de perto e de forma envolvente. Exigem-se do aluno uma aprendizagem independente e a superação da expectativa do assistencialismo. A mediação pedagógica reveste-se de aspectos psicológicos e emocionais, entrando em ação o domínio afetivo, acionado quando o aluno enfrenta situações para as quais não se julga preparado. Nesse momento, não apenas o acompanhamento de tarefas deve ser desenvolvido; a interação com o professor, considerado um par nesses ambientes, torna-se decisiva para o resgate de condições insatisfatórias, que podem diminuir a motivação do aluno e levá-lo à evasão. Isso ocorre quando a perda de interesse atinge níveis nos quais o aluno se sente sozinho no ambiente.

Quando o acompanhamento ao aluno não alcança níveis satisfatórios com relação à afetividade, o "fantasma da solidão" pode ressuscitar. Essa situação, comum na EaD, representa uma sensação de abandono, que pode permear as emoções dos participantes de cursos semipresenciais ou não presenciais quando as atividades de retorno às suas solicitações não são desenvolvidas em tempo hábil (Munhoz, 2011a).

Superada essa primeira barreira quanto ao desenvolvimento dos processos de comunicação nos ambientes enriquecidos com tecnologia, o aluno ainda precisa lidar com a mediação tecnológica. Assim, ele poderá sentir-se seguro e desenvolver seus estudos de forma confortável.

8.2 Mediação tecnológica

Muitas vezes, o aluno é "convidado" a interagir com a tecnologia para desenvolver as atividades propostas no curso, mas nem sempre se sente preparado para isso. Portanto, é fundamental que haja na instituição um processo de nivelamento, algum tutorial que coloque o participante em condições de atender ao manuseio da tecnologia existente no ambiente.

Ainda que a ocorrência desse fato seja menos frequente, as mesmas considerações devem ser aplicadas ao professor. Se isso acontecer, todo o processo deverá ser repensado ou o profissional responsável precisará ser destituído de suas funções no ambiente.

Superada essa dificuldade, é importante levar em consideração que aspectos cognitivos e psicológicos também interferem no processo de comunicação, carregando ruídos que podem tornar impossível a continuidade do aluno no ambiente. Nesse sentido, tocamos em outro ponto: as características da interface homem-máquina. Esta deve ser agradável e atender ao aluno no maior número de tentativas de entrada, o que identifica maior ou menor usabilidade da interface. O não cumprimento dessas condições cria situações desfavoráveis.

Mesmo com o cumprimento de tal exigência, cabe uma atenção especial a questões como combinação de cores, disposição de elementos na tela e interação com o usuário, com vistas a não tornar o processo de navegação entediante. A partir do momento em que o usuário entra na interface, talvez não seja mais possível a reconfiguração de alguns parâmetros fixos.

Se a interface é lenta, o processo de mediação tecnológica tende a falhar. Outros aspectos negativos, que resultam na insatisfação do usuário, são a dificuldade em perceber o ambiente como um todo, o que pode limitar a navegação, e a impossibilidade de desvio para qualquer ponto ou de retorno ao ponto de partida. Se alguma dessas condições não for atendida, o projeto da interface deverá ser refeito; por isso, é essencial uma avaliação prévia e sensata dos critérios de ergonomia cognitiva da interface, sob responsabilidade do desenvolvedor.

Quando surgem problemas nesse nível, ocasionados por descuidos na interface, providências urgentes precisam ser tomadas para solucioná-los. A interface deve mediar as atividades de navegação de forma ativa e confortável. Faz parte da "ética de comunicação" oferecer ao usuário uma interface funcional, para que ele possa concentrar sua atenção apenas na solução de problemas relacionados ao currículo a ser desenvolvido.

Assim, não pode haver um distanciamento entre os contextos de concepção e de uso. Em outras palavras, eles devem estar em sintonia e próximos, de modo a evitar ruídos na comunicação, como aqueles descritos anteriormente. É preciso seguir uma linha de estudo denominada *avaliação construtiva da tecnologia* (ACT). Além de apontar que problemas dessa natureza podem ser antecipadamente previstos, ela está na dependência de uma escolha correta dos parâmetros a serem utilizados no processo de avaliação heurística da interface. Ao se ignorar esse importante passo, o produto do trabalho pode tornar-se inadequado à proposta ativa no ambiente: proporcionar que todas as facilidades existentes estejam funcionais.

Com a formação dos alunos e dos professores e com a interface ergonomicamente projetada e suprindo às necessidades de navegação, pode-se considerar que o processo de mediação no ambiente está atendido.

Há, porém, um último aspecto a ser considerado: as metodologias que existem no ambiente. Afinal, nominar um ambiente como *enriquecido com tecnologia educacional* não o torna eficaz em um passe de mágica. Os aspectos relativos às metodologias utilizadas são outro parâmetro importante a ser analisado para que a mediação ocorra de forma satisfatória.

Termos importantes

Assistencialismo – Perspectiva adotada por alguns professores de apresentar ao aluno caminhos que o levem à solução de determinado problema, respeitando suas limitações. Considera que a visão adotada pode não ser a única e não coincidir com a formação levada pelo aluno para o ambiente (Dicionário Informal, 2017).

Ergonomia cognitiva – Recente ramo da ergonomia que abrange um conjunto de influências (internas e externas) que mediam as formas como o ser humano "conversa" com máquinas, com tarefas e com o meio ambiente. Representa, segundo Fialho (2001), o ato de conhecer, captar, integrar, elaborar e exprimir informações utilizadas na solução de problemas.

Interface homem-máquina – Área que estuda os canais de comunicação entre o homem e a máquina, por meio da qual aquele interage com esta para atingir seus objetivos (Cybis, 1994).

saiba +

Observe o tema proposto na primeira coluna, acesse o material indicado na segunda e desenvolva a tarefa sugerida na terceira.

Tema	Referência	Atividade
Interface homem-máquina	INTERFACE homem-máquina: conceitos iniciais. **RBW Tecnologia**. Disponível em <http://www.revistabw.com.br/revistabw/ihm-conceitos-iniciais/>. Acesso em: 11 dez. 2017.	Leitura complementar
Avaliação construtiva da tecnologia	SCHOT, J.; RIP, A. The Past and Future of Constructive Technology Assessment. **Technological Forecasting and Social Change**, v. 54, p. 251-268, 1997. Disponível em: <http://doc.utwente.nl/34163/1/the_past_and_future.pdf>. Acesso em: 11 dez. 2017.	Leitura complementar

(continua)

(conclusão)

Tema	Referência	Atividade
Presença social	MACHADO, G. J. C. **A presença social em ambientes virtuais de aprendizagem**. Tese (Doutorado em Informática) – Universidade Federal do Rio Grande do Sul, Porto Alegre, 2007. Disponível em: <http://www.lume.ufrgs.br/bitstream/handle/10183/14786/000666457.pdf?sequence=1>. Acesso em: 11 dez. 2017.	Leitura complementar associada a artigo de opinião sobre o tema
Teoria da interação social	TEORIA de Borje Holmberg. **Wikispaces**. Disponível em: <http://ead-space.wikispaces.com/2+-+Teoria+de+Borje+Holmberg>. Acesso em: 11 dez. 2017.	Leitura complementar

Questões para revisão

1. Comente um aspecto desfavorável de alguma interface homem-máquina com a qual já trabalhou.
2. Com relação às interfaces, cite pelo menos um aspecto favorável à sua utilização. Justifique sua resposta.
3. Questione a proposta assistencialista na educação de jovens e de adultos.
4. Analise o efeito da presença social no ambiente da educação de jovens e de adultos.
5. Explique a seguinte afirmativa: "Quando o aluno se sente parte integrante de algo, sua participação no ambiente tende a ser mais engajada e proveitosa".

problema proposto

Resolva a situação-problema a seguir e elabore um relatório de estudo para expor a solução encontrada.

Uma IES em fase de mudanças, em virtude das elevadas taxas de evasão em diversos cursos, requer a produção de um relatório com orientações sobre as formas de aumento da presença social, tanto da instituição quanto de seus professores, nos cursos EaD oferecidos em ambientes enriquecidos com tecnologia.

Capítulo 09

Tecnologia educacional para jovens e adultos

Em uma época de utilização extensiva da tecnologia, são comuns os seguintes questionamentos: Que papel ela pode desempenhar na educação? Quais vantagens oferece? E desvantagens? Como evitar que estas se mostrem efetivas? Como o ambiente pode ser preparado para o uso adequado desse recurso?

9.1 Desafios do uso da tecnologia

A análise da utilização da tecnologia em educação é complexa, e um novo campo do conhecimento se cria: a tecnologia educacional. O pesquisador encontra desafios em diferentes campos: na filosofia, na sociologia, na própria tecnologia etc. A busca por um modelo se mostra distante, e por uma proposta, ineficiente.

A flexibilidade sugere que essa busca se efetive no maior nível suportado por um projeto instrucional. Os fatores envolvidos são muitos, e as mutações acontecem a uma velocidade à qual poucos sistemas conseguem se adaptar, quando se almeja englobar todas as tecnologias na proposta de utilização.

As vertentes tecnológica e didático-pedagógica devem conviver em harmonia no ambiente. Classificar as tecnologias tornou-se um exercício inútil, na medida em que tanto elas quanto as estratégias pedagógicas se modificam conforme o contexto em que são aplicadas.

Quando se privilegia uma das vertentes, a harmonia fica de lado, ou seja, a criação de dicotomias é prejudicial. A valorização das tecnologias educacionais e o esquecimento das questões sociais, organizacionais, de acessibilidade e de custo são constantes em alguns ambientes. Entretanto, utilizar a visão tecnicista não significa adotar o determinismo tecnológico como direcionador das ações e do comportamento dos agentes educacionais.

Nesse sentido, é possível entender que a tecnologia de uma sociedade estimula o desenvolvimento de sua estrutura social e de seus valores culturais. Esse determinismo, portanto, funciona como um impositivo às pessoas, sob pena de perderem suas condições de competitividade no mercado quando não atendido (Lima, 2001).

Contudo, a adoção do determinismo pedagógico também é considerada um desvio. Ele apresenta elevado fator de resistência aos MOOCs, sem nenhuma argumentação consistente, senão aquelas que percebem essa iniciativa como uma modalidade menor de educação, incapaz de prover qualidade ao processo de ensino e aprendizagem.

A total rejeição de uma ou de outra vertente despreza aspectos fundamentais que poderiam indicar soluções apropriadas. Destacamos essa questão para que tal condição seja evitada, já que, no desenvolvimento de nosso estudo, adotaremos o pressuposto de que ela está sendo satisfeita. Assim, antes de se utilizar a tecnologia educacional, alguns pontos devem ser analisados:

- Aquilo que está sendo feito com a utilização da tecnologia educacional poderia ser feito de forma mais adequada por meio do método tradicional?
- Os agentes educacionais (alunos, professores, administradores) estão preparados para utilizar o ferramental tecnológico colocado à sua disposição?
- No ambiente, o direcionamento está centrado no aluno e os professores estão cientes do que lhes é exigido com relação ao papel de orientador e de professor coletivo e a outras propostas subjacentes?

Entre outras, essas questões direcionam o projeto instrucional de cursos desenvolvidos em ambientes enriquecidos com tecnologia, com maior destaque para ambientes semipresenciais ou não presenciais.

O contexto ideal para a adoção da tecnologia educacional nesses ambientes configura-se quando há: um professor interessado na evolução do aluno; um aluno consciente da efetivação da aprendizagem independente e ativa; um currículo aberto flexível, com a adoção de uma série de metodologias inovadoras, sugeridas pela tecnologia educacional; conteúdos relevantes; e a efetivação da aprendizagem significativa.

Segundo Pathak e Chaudhary (2011), esses fatores fazem com que os agentes educacionais desenvolvam complexidades para permear os ambientes com essas características. Nunca se disse que, em um ambiente enriquecido com tecnologia, o trabalho é mais fácil que em ambientes tradicionais de ensino e aprendizagem; pelo contrário, ele acresce em complexidade, bem como na possibilidade de se obter maior qualidade nos resultados finais.

9.2 Verificação de aplicabilidade

Tendo em vista que nosso estudo sempre leva em consideração a andragogia, nem todos os comportamentos e atitudes recomendados são aplicáveis a alunos das séries iniciais, com outro nível de interesse e diferentes objetivos.

A verificação de aplicabilidade é uma opção dada de forma integral ao projetista instrucional, que tem de desenvolver o trabalho conforme os requisitos que lhe são apresentados. Escolhida a tecnologia, o mais importante é efetuar uma análise de sua aplicabilidade e do que ela sugere como comportamentos e atitudes. Além disso, é primordial definir qual metodologia deverá ser utilizada.

Caso o exercício da escolha de tecnologias possa ser realizado, cabe ao professor e ao projetista instrucional a colocação de outras questões:

- O que determina sua utilização?
- Há justificativas ou estudos sobre a aplicação dessa tecnologia em particular?
- O que ela exige como contrapartida dos agentes educacionais?

Assim, a cada decisão que o projetista tem de tomar, impõe-se um conjunto de perguntas. Os mais experientes criam um banco de questões com as respectivas respostas, como um banco de dados. Pode-se, assim, trabalhar na perspectiva do raciocínio baseado em casos, com vistas à obtenção, por meio do resultado de experiências passadas, de subsídios para o desenvolvimento de uma nova experiência. O raciocínio baseado em casos é uma abordagem que busca resolver problemas atuais adaptando soluções utilizadas para enfrentar problemas anteriores.

Cabe destacarmos que o objetivo principal deste trabalho diz respeito ao processo da tecnologia educacional, e não aos produtos, considerados em seu formato de dispositivos ou mídias. Desse modo, o *peopleware* é mais importante.

A tecnologia faz o que pode fazer ou aquilo para que foi projetada, e é no desempenho humano que se pode tirar o máximo proveito dela.

A verdadeira **função da tecnologia educacional** é melhorar a ação e a prática profissionais de cada agente educacional em particular. Os projetistas e os professores não podem perder de vista esse significado. Mas o que recomenda uma tecnologia? Para Feenberg (2012), há necessidade de um estudo sobre a aplicação da tecnologia, que pode ser orientado, entre outros, por quatro balizadores:

1. Como essa tecnologia pode contribuir para a melhoria da comunicação visual, oral e escrita dos agentes educacionais?
2. De que forma ela colabora para a melhoria do processo de comunicação interpessoal no ambiente?
3. Qual é o nível de integração social possibilitado pela tecnologia?
4. Qual é o nível de formação complementar por ela exigido?

Esses e outros aspectos de interesse para uma iniciativa particular podem ser questionados. Para responder a essas perguntas, adotaremos um exemplo simples: a utilização de um projetor PowerPoint. Agora, observe as respostas:

1. É possível utilizar como justificativa a melhoria nas comunicações visual e escrita, sem influência na oral.
2. A tecnologia em nada colabora com a comunicação interpessoal.
3. Não há interferência com relação ao nível de integração social.
4. O nível de formação exigido é baixo e apenas operacional.

Ao lançar essas informações em um gráfico, é possível pontuar a utilização de cada uma dessas tecnologias.

9.3 Uma visão das tecnologias existentes

Há um grande e crescente arsenal de ferramentas tecnológicas disponível aos agentes educacionais em ambientes enriquecidos com tecnologia. Por exemplo:
- apontadores eletrônicos, quando se utiliza lousa digital;
- conteúdo em formato digital;
- correspondência eletrônica;

- rádio;
- telefone;
- televisão local ou *broadcasting*;
- videoconferências;
- *streaming* de vídeo (*webminars*);
- Youtube;
- tutoriais, como computer based training (CBT) ou web based training (WBT);
- ferramentas de comunicação, como quadros de mensagens, fóruns, *chats*, sistemas mensageiros e Skype, e compartilhamento remoto de telas;
- jogos;
- gamificação;
- tecnologias *wiki*;
- 3D;
- realidade virtual;
- realidade aumentada;
- sistemas especialistas;
- inteligência artificial;
- robótica;
- ambientes virtuais de aprendizagem.

Recentemente, estudos envolvendo a ciência cognitiva e a neurociência permitiram o aprofundamento da análise do efeito da adoção de cada uma dessas tecnologias, o que possibilitou a personalização dos ambientes de aprendizagem.

A cada tecnologia educacional é possível associar metodologias inovadoras e centradas na determinação de comportamentos e atitudes. Assim, o mesmo tipo de análise pode ser efetuado com relação à utilização de:

- atividades colaborativas e cooperativas;
- comunidades de aprendizagem;
- mídias sociais;
- recomendações da aprendizagem baseada em problemas;
- andragogia;
- aprendizagem em grupo;
- salas de aula invertidas;
- aprendizagem com os pares;

- *games* em educação;
- processos de gamificação no ambiente;
- conectivismo como teoria de aprendizagem em construção para as novas gerações que chegam aos bancos das universidades;
- recursos educacionais abertos (REA);
- MOOCs;
- outras metodologias inovadoras.

A mesma proposta pode ser realizada com ideias pedagógicas que, sem esforço, são consideradas tecnologias educacionais. Elas incluem:

- formas de aprender (aprender a aprender, aprender pelo erro, aprender fazendo e outras abordagens);
- aprendizagens (aprendizagem significativa, aprendizagem com os pares e outras abordagens);
- inteligências (inteligência emocional, inteligência competitiva, inteligência coletiva, inteligências múltiplas e outras abordagens);
- outras ideias pedagógicas.

O campo de estudo é vasto. Sempre que algum estudo é dado como encerrado, ele pode ser registrado entre as melhores práticas; isso significa que o estudo não precisa ser desenvolvido para cada curso oferecido em um ambiente, podendo ser voltado para um ambiente em especial, no qual ofertas de processos educacionais específicos venham a acontecer. É a repetição da proposta de utilização do raciocínio baseado em casos.

Um exemplo de abordagem recente é a aprendizagem adaptativa, ainda não aplicada em muitos ambientes, mas que poderia sê-lo com grande vantagem. Ela aponta que o uso dos computadores pode melhorar os resultados educacionais obtidos. Inúmeros educadores ainda não a aceitam, e muitos projetistas instrucionais têm medo de propugná-la, em razão das represálias que costumam surgir como forma de resistência ao novo (Bilic, 2015).

Segundo Lima, Andrade e Damasceno (2017), o fator resistência surge quando alguma nova tecnologia está em implantação. Em virtude de sua adoção, muitas pessoas são retiradas de sua zona de conforto, o que pode acarretar instabilidade, com a mudança de tarefas ou, até mesmo, com a perda de funções ou do emprego.

O potencial dessa abordagem, considerada aqui uma tecnologia educacional vantajosa, é extenso. A recusa em aceitar a existência da "indústria da educação" já causou, e ainda causa, muitos problemas não percebidos pelos gestores dos ambientes enriquecidos com tecnologia.

Acompanhe a descrição a seguir, que poderia ter sido elaborada por qualquer projetista instrucional em conjunto com um professor, ambos interessados em oferecer aos alunos um ambiente favorável ao desenvolvimento de atividades de ensino e aprendizagem com essa abordagem.

> O ambiente prevê a organização de todo o material educativo, de forma a entregar um conjunto de *links* e indicações bibliográficas, que pode ser aumentado pelo aluno mediante buscas em recursos educacionais abertos. Deve-se utilizar a mineração para a captura de novos dados, transformáveis em informação não estruturada, bem como fornecer orientações sobre o uso de ferramentas para sua estruturação, com a aplicação da proposta de uma plataforma *big data* e de atividades de *analysis*.
>
> Assim, o destaque não mais está na produção individual de materiais pelos professores, mas em atividades de acompanhamento ao aluno, com uma possível configuração de *coaching* educacional. Essa proposta é complementada pelo acesso às mídias sociais disponíveis no ambiente, prevendo-se a criação de uma rede social pública, na qual seja dada preferência ao ingresso de pessoas que desenvolvem atividades educacionais em ambientes enriquecidos com tecnologia, de modo a permitir uma proveitosa troca de experiências.

As ideias apresentadas nessa descrição poderiam integrar o projeto instrucional de um curso individual ou todos os cursos ofertados em algum ambiente específico, como resultado de um estudo focado no contexto de oferta, na forma de entrega e nas características do público-alvo.

Para que essa proposta se efetive, primeiramente é preciso perder o medo de utilizar abordagens educacionais *on-line* e deixar de lado as crenças na redução do tempo de interação entre aluno e professor. Na verdade, a liberação da escolha de conteúdo pelos alunos e de sua navegação por redes sociais e comunidades de prática propicia ao professor mais tempo para um acompanhamento extensivo deles. Isso, inclusive, permite a efetivação da presença social dos professores na vida dos estudantes.

Há uma proposta subjacente aos processos de aprendizagem adaptativa ainda não apropriada por muitos professores. Ela direciona o aluno com base em seu desempenho e em suas respostas aos estímulos previstos no projeto instrucional. Isso não acontece de forma assistencial, mas por meio de sugestão do desenvolvimento de rotas de aprendizagem. Essa é uma das primeiras aplicações da inteligência artificial mole[1], a qual poderia estar sendo utilizada com sucesso.

O detalhamento de cada uma dessas propostas revela diversas possibilidades de aplicação da tecnologia à educação. Tudo transcorre em um clima de mudança de paradigmas. As tecnologias emergentes são suscetíveis a provocar reações e a exigir atitudes e comportamentos não aceitos em determinados ambientes. Vale ressaltarmos que elas não substituem os demais recursos tecnológicos, mas compõem um arsenal de possibilidades de utilização conjunta.

Em uma região onde não existe acesso à internet e a recepção de televisão é deficiente, resta ao projeto instrucional recomendar o empacotamento das instruções e o acompanhamento via correio tradicional, com retorno às origens da EaD, tida como ensino por correspondência. Portanto, as condições externas podem determinar ou não a utilização de determinada tecnologia, mas os obstáculos – provenientes da insuficiência de condições ou do fator resistência – não devem impedir a oferta da educação para todos.

Como fecho da decisão referente à adoção de determinada tecnologia educacional, o projetista instrucional deve se fazer a seguinte pergunta: Quando a tecnologia educacional proposta é apenas uma tecnologia e nada tem de educacional? A resposta pode inviabilizar a utilização de dada tecnologia em certo ambiente, ou seja, uma tecnologia que se aplica em determinado ambiente como educacional pode ser, em outro ambiente, apenas uma tecnologia, não sendo, nesse caso, recomendável sua utilização.

---

1   Apesar de as expressões *inteligência artificial mole* e *inteligência artificial dura* não serem comumente utilizados no Brasil, elas são bastante usadas em inglês. Há um artigo do desenvolvedor de *software* Chris Prosser, disponível em <https://www.quora.com/What-is-the-difference-between-soft-AI-and-hard-AIO>, que explica melhor o assunto. De todo modo, o termo *mole* pode ser trocado por *suave*.

Para que não haja confusão, precisamos destacar uma orientação adotada neste estudo. As mídias estão sendo consideradas tecnologias educacionais, e ideias pedagógicas e comportamentos dos agentes educacionais estão submetidos à mesma visão, isto é, estendemos o termo ao que algumas pessoas encaram como tecnologia educacional.

Essa proposta intencional é aplicável a um processo de orientações sobre quando e como é possível e recomendável utilizar alguma tecnologia educacional no processo de ensino e aprendizagem. Essa visão pode não ser aceitável em outros contextos, como a busca do detalhamento da funcionalidade de algum objeto de estudo que envolva o campo da tecnologia educacional.

Para o encerramento do capítulo, definiremos *tecnologia* de forma isolada e, em seguida, *tecnologia educacional*. De acordo com Munhoz (2016c), o primeiro termo refere-se ao uso de ferramentas e máquinas para resolver os problemas que as pessoas encontram em seu dia a dia, no mundo real. Por sua vez, a tecnologia educacional diz respeito à aplicação de elementos tecnológicos na educação, considerando-se os efeitos, as atitudes e os comportamentos exigidos para sua utilização (Munhoz, 2016b).

Com relação à tecnologia educacional, é possível enxergá-la de forma mais abrangente, não se resumindo ao uso de equipamentos e ferramentas de *software*. Essa consideração envolve seus possíveis usos e as facilidades que pode oferecer para simplificar a sobrecarga cognitiva, laboral ou psicológica no desenvolvimento de atividades educacionais. É apoiada nessa combinação que uma tecnologia pode ser considerada educacional.

Termos importantes

Aprender fazendo – Estratégia pedagógica que, imediatamente após o contato com o conteúdo teórico, propõe uma atividade prática para sua retenção e, em um curto período de tempo, sugere outras atividades de reforço (Gebin, 2014).

***Computer based training* (CBT)** – Forma comportamentalista de oferta de cursos utilizada no início da inserção dos computadores em educação (Munhoz, 2016b).

Comunicação interpessoal – Processo de comunicação que promove a troca de informações entre duas ou mais pessoas e orienta seu desenvolvimento de acordo com o contexto em que ocorre (Bispo, 2013).

Empacotamento das instruções – Forma de distribuição de cursos muito comum nos primórdios da EaD e atualmente utilizada para atender pessoas sem acesso às tecnologias (Munhoz, 2011a). O método, muito utilizado pela Open University, no Reino Unido, perdurou por pouco tempo no Brasil, em razão de diferenças culturais e da dificuldade de acompanhamento dos cursos no idioma original.

Games **em educação** – Como tecnologia educacional, quando das primeiras iniciativas, os *games* foram utilizados na educação infantil sem muito sucesso (Mattar, 2010). Nos dias atuais, retornam para os ambientes da educação corporativa e da educação acadêmica. Apoiados na evolução tecnológica, eles trazem novas propostas, mais ricas e lúdicas, que estão em uma fase de maior aceitação pelos professores em todos os níveis do sistema educacional brasileiro.

Peopleware – Conjunto de pessoas que desenvolvem seus trabalhos com o auxílio dos computadores (Munhoz, 2011a).

PowerPoint – *Software* de apresentações considerado o campeão de mercado em sua área de competência.

Professor coletivo – Professor que desenvolve conteúdos sem saber quem vai aplicá-los ou como essa aplicação será desenvolvida (Munhoz, 2016c).

Realidade aumentada – Tecnologia que, a partir de algum objeto real, permite a criação de um objeto virtual, de uma câmara ou um dispositivo capaz de transmitir a imagem do objeto real e de um *software* capaz de interpretar o sinal transmitido (Hautsch, 2009). Possibilita a integração entre objetos virtuais e reais.

Skype – *Software* de comunicação que substituiu o Messenger. Permite a troca de mensagens, o envio de vídeos e a realização de ligações telefônicas sem custo ou com assinaturas que garantem vantagens aos clientes *premium* (Munhoz, 2016b).

Sistemas especialistas – Conjunto de programas cujo principal objetivo é simular, em situações específicas, o conhecimento de alguma pessoa ou de um grupo de indivíduos (Munhoz, 2016c). Esses sistemas podem ser utilizados para apresentar, em tais situações, orientações profissionais ou diagnósticas.

Streaming de vídeo – Distribuição de vídeo na internet de forma contínua e em tempo real (Munhoz, 2011a).

Tecnologias wiki – Permitem o desenvolvimento de atividades cooperativas e colaborativas em que a base de estudo pode ser manipulada pelos participantes de grupos ou de cursos ofertados em ambientes enriquecidos com tecnologia (Munhoz, 2011a).

Web based training (WBT) – Atividade que representa uma forma de oferta de cursos na grande rede, com a aplicação de teorias comportamentalistas e baseadas em estímulo-resposta (Munhoz, 2011a).

Webminars – Uso de videoconferências desenvolvidas em *streaming* de vídeo, que, com a evolução tecnológica e o aumento da velocidade das transmissões, torna-se uma das formas mais utilizadas de efetivação de reuniões de negócios, estudos e apresentações (Munhoz, 2011a).

saiba +

Observe o tema proposto na primeira coluna, acesse o material indicado na segunda e desenvolva a tarefa sugerida na terceira.

Tema	Referência	Atividade
Determinismo tecnológico	LIMA, K. M. Determinismo tecnológico. In: CONGRESSO BRASILEIRO DE COMUNICAÇÃO, 24., 2001, Campo Grande. **Anais**... Campo Grande: Intercom, 2001. Disponível em: <http://www.infoamerica.org/documentos_pdf/determinismo.pdf>. Acesso em: 27 nov. 2017.	Leitura complementar

(continua)

(conclusão)

Tema	Referência	Atividade
Tecnologias *wiki*	ALVES, I. N.; SCORSOLINI-COMIN, F. Utilização da tecnologia wiki na educação corporativa: contribuições para um debate. **Revista Brasileira de Orientação Profissional**, v. 13, n. 2, p. 209-222, jul.-dez. 2012. Disponível em: <http://www.redalyc.org/articulo.oa?id=203024746008>. Acesso em: 11 dez. 2017.	Leitura complementar associada a artigo de opinião sobre o tema
Comunicação interpessoal	BISPO, P. 10 razões para investir na comunicação interpessoal. **RH.com**.br, 16 dez. 2013. Disponível em: <http://www.rh.com.br/Portal/Comunicacao/Dicas/8966/10-razoes-para-investir-na-comunicacao-interpessoal.html>. Acesso em: 11 dez. 2017.	Leitura complementar
Teorias de aprendizagem comportamentalistas	TEORIAS comportamentalistas (behavioristas). **IEFP**. Disponível em: <https://elearning.iefp.pt/pluginfile.php/49579/mod_scorm/content/0/teo01/04teo01.htm>. Acesso em: 11 dez. 2017.	Leitura complementar

Questões para revisão

1. Aponte pelo menos uma desvantagem das teorias comportamentalistas nos ambientes de educação de jovens e de adultos.
2. Comente a importância da comunicação interpessoal.
3. Analise as críticas feitas pela academia às tecnologias *wiki*.
4. Em sua opinião, como o determinismo tecnológico pode ser combatido?
5. Apresente sua visão sobre a importância do papel do professor coletivo.

problema proposto

Resolva a situação-problema a seguir e elabore um relatório de estudo para expor a solução encontrada.

Uma IES tem a intenção de implantar cursos no formato de MOOCs. Porém, para o início de suas atividades, é necessária a elaboração de um relatório com os cuidados a serem tomados e os procedimentos recomendáveis. A proposta deve prever orientações para evitar o elevado volume de evasão que existe nesses cursos.

Capítulo 10

Ambiente favorável à educação de jovens e de adultos

Para começar bem o projeto instrucional, é necessário criar ambientes favoráveis à educação de jovens e de adultos, com vistas ao alcance do maior nível de qualidade possível. O principal objetivo do professor orientador é ajudar os estudantes a aprender.

Neste capítulo, organizaremos duas listas: uma sobre as práticas mais adequadas ao ambiente voltado à educação de jovens e de adultos e a outra sobre o que deve ser evitado nesse espaço.

10.1 Práticas mais adequadas

Em um ambiente propício à andragogia, o professor pode adotar algumas práticas com vistas a melhorar os resultados obtidos. A seguir, listamos algumas delas:

- Concentrar-se no acompanhamento ao aluno e esquecer o resto. Em virtude do desencanto percebido nas salas de aula tradicionais, propõe-se ao orientador que, em vez de centrar sua atenção no conteúdo em si, destine mais tempo ao acompanhamento dos alunos sob sua responsabilidade em ambientes voltados à educação de jovens e de adultos. Segundo Belloni (2006), essa proposta é mais adequada a cursos de EaD.
- Fazer o aluno sentir-se no controle das situações, colocando sob sua responsabilidade a problematização do conteúdo e a busca por uma solução, lançando como proposta uma trilha que ele pode ou não seguir. Outra mecânica interessante é a utilizada em jogos, que coloca o controle destes nas mãos do aluno, de modo a aumentar sua motivação. Segundo Burke (2015), essa técnica é a base para a aprendizagem independente, pois a participação do aluno aumenta quando ele de fato se encontra ou, pelo menos, pensa que está no comando do processo de ensino e aprendizagem.

- Se o processo de gamificação foi o escolhido, deve-se colocar a *leaderboard* em um lugar de destaque, enfatizando os jogadores que se sobressaíram e incentivando pequenas premiações, como um ingresso de cinema ou teatro.
- Criar grupos em todas as atividades e incentivar a cooperação (interna e externa) entre seus membros.
- A fim de incentivar a comunicação externa e facilitar a adoção dos princípios do conectivismo, deve-se orientar o projeto instrucional para o acesso às redes sociais.
- Criar um ambiente com pontos de entretenimento. Para tanto, é possível indicar filmes e músicas, orientar a pesquisa de livros de ficção, criar uma sala de leitura, desenvolver atividades *wiki* e convidar outros alunos para participar de jogos *on-line*.
- Utilizar o Twitter de forma extensiva, trabalhando temas de interesse de todos os alunos.
- Trabalhar as tecnologias *wiki*, por exemplo, com a criação de um livro ou uma apostila, em que os escritores sejam os alunos, ainda que, para reconhecimento editorial, tenha de haver algum orientador na direção da iniciativa. Repetir esse processo em atividades de escopo mais reduzido.
- Divulgar a produção intelectual dos grupos.
- Montar e divulgar enquetes de grau de satisfação a cada tarefa concluída.
- Permitir aos alunos que escolham as atividades que vão realizar, de forma que eles aprendam aquilo que querem – nem todos precisam resolver as mesmas questões.
- Propor situações em que as equipes se desafiem, pedindo-lhes, por exemplo, que solucionem um problema, participem de um jogo ou apresentem alguma ideia original com relação a determinado assunto. Dar à equipe vencedora alguma premiação, mas sem desmerecer o trabalho das demais.
- Promover a escuta ativa, colocando à disposição da comunidade uma espécie de ouvidor, que concentre reclamações ou sugestões e apresente a solução adotada, para posterior análise do grupo. É a possibilidade de manutenção de um canal diferenciado de comunicação aberto para os alunos. A escuta, qualidade inerente a pessoas criativas, é uma das estratégias mais utilizadas nos ambientes voltados à educação de jovens e de adultos. Essa observação

parte do pressuposto de que um bom ouvinte é capaz de compreender melhor as pessoas e de criar ligações mais profundas com elas. É um dos requisitos para que o professor desenvolva seu trabalho com sucesso (Siqueira, 2008).

- Criar um ambiente similar a uma sala de leitura ou de vídeos, em que possam ser assistidos tanto os escolhidos pelos alunos quanto os sugeridos pelo projeto instrucional.
- Utilizar a proposta *small games, good games*, que tem ganhado adeptos no mercado corporativo, propondo pequenos desafios de raciocínio lógico durante o desenvolvimento da rota de estudos sugerida.
- Direcionar o ambiente para uma transferência de conhecimentos ativa e substituir a proposta de testes de autoavaliação, que representam um processo de avaliação formativa. O intuito é perceber a sala de aula como o mundo real e nela aplicar o que acontece "lá fora". É um desafio para o projetista, cujo investimento vale a pena quando se considera que a verdadeira aprendizagem ocorre quando alguém consegue ensinar aquilo que aprendeu.
- Preparar o ambiente para a efetivação da proposta *peer instruction* (instrução entre pares), principalmente se o currículo do curso englobar temas técnicos relativos às áreas de ciências exatas, nas quais o método tem apresentado bons resultados.
- Inserir no ambiente desafios à memória. Há linhas pedagógicas que consideram que, sem memória, não ocorre aprendizagem (Willis, 2014). Nesse caso, a memória é considerada um processo cognitivo que possibilita a aquisição de novas aprendizagens – visão diferente da que prevalecia há pouco tempo. Segundo Izquierdo (2011), a memória é um processo cognitivo que pode ajudar o aluno a desenvolver mais facilmente atividades que envolvem novos conhecimentos com base em acontecimentos passados. O autor considera, ainda, que o processo de desenvolvimento da memória também permite o aumento do volume de informações retidas, e sua evocação com sucesso pode auxiliar, de forma decisiva, na aquisição de novas aprendizagens.
- Criar um ambiente no qual seja disseminada a sensação de formação do aluno para a vida, e não apenas para a obtenção de um diploma ou de algum emprego.

- Cultivar a motivação intrínseca em contraposição à extrínseca. Isso traz de novo os estudantes jovens e adultos para o ambiente de ensino e aprendizagem. Nem sempre as recompensas externas (motivação extrínseca) são suficientes para manter o aluno ativo e motivado. Já as recompensas internas (valorização pessoal, autoestima, reconhecimento e outras características) são mais duradouras e permitem um elo mais forte entre o aluno e o ambiente.
- Fazer com que, no ambiente, a aprendizagem seja considerada um trabalho duro. Além disso, sua efetivação pode merecer alguma premiação, com vistas a despertar um sentimento interno e, assim, aumentar a motivação intrínseca do aluno. Um retorno apropriado, um elogio e a valorização dos resultados obtidos são atividades simples e que podem trazer excelentes resultados.
- Trabalhar, a partir do projeto instrucional, atividades e situações que criem no ambiente a sensação de competição, a qual deve ser dosada, para não transformar os alunos em adversários. A disputa propicia o aumento da aprendizagem de forma eficaz.
- Evitar o estabelecimento de um ambiente no qual exista a sensação de treinamento, mesmo que as atividades possam conduzir a isso. É preferível sempre orientar o comportamento e a atitude dos agentes educacionais no sentido de que aquilo que ocorre no ambiente, como a aprendizagem, é um incremento na cultura geral dos participantes.
- Tratar o que está sendo ensinado como uma "missão" tanto das instituições de ensino superior (IES) quanto dos professores orientadores envolvidos. Quando isso ocorre, o envolvimento do aluno é maior que em ambientes onde esse sentimento não é disseminado. Essa proposta não precisa ser uma constante durante todo o processo, mas deve ser destacada em algumas ocasiões.
- Às vezes, para se obter uma reação, é preciso colocar o aluno em situações de desconforto. No entanto, deve-se apresentar a ele amplas alternativas para que retorne dessa zona, ou por méritos próprios, ou com a ajuda da comunidade.

Com essa série de recomendações, a tendência é a criação de um ambiente propício ao desenvolvimento de atividades de ensino e aprendizagem por meio das quais os participantes possam exercer sua criatividade, adotar o pensamento crítico como direcionador e aprender pelo erro, condições que diferenciam a educação de jovens e de adultos da das séries iniciais.

10.2 Erros mais comuns

Na seção anterior, mostramos como é possível tornar o ambiente de ensino e aprendizagem favorável ao desenvolvimento das atividades educacionais. Entretanto, há também atitudes que podem desestruturar as medidas adotadas.

Neste estudo, direcionamos nossa atenção especificamente aos ambientes de aprendizagem voltados a jovens e adultos e enriquecidos com tecnologia. Nas IES, esses ambientes correspondem à quase totalidade dos cursos ofertados. Por esse motivo, é preciso orientar os professores que, até pouco tempo, desenvolviam suas atividades nas séries iniciais a respeito da utilização de uma perspectiva diferenciada, como a proposta pela andragogia.

Já abordamos aspectos que são de responsabilidade exclusiva do professor. Muitos profissionais têm dificuldade em aceitar os novos comportamentos inovadores, sobretudo aqueles que vão contra sua formação. No entanto, para os docentes que desejam atuar em ambientes diferenciados, cabem algumas orientações sobre os pecados capitais, as quais podem colaborar para que o ambiente criado, com bastante cuidado, mantenha-se íntegro e atenda às expectativas dos alunos.

A seguir, relacionamos ações e práticas que devem ser adotadas pelo professor para oferecer a jovens e adultos um ambiente de educação adequado:

- Dar um retorno imediato (*feedback*) às solicitações dos alunos. A atividade de retorno é mandatária e, portanto, não pode ser ignorada – o paradigma do fantasma da solidão ocorre exatamente em casos de falta de retorno. O atraso nas respostas, embora seja menos grave, também deve ser evitado. Nesses casos, para deixar a pessoa que solicitou algum apoio a par da situação, é possível enviar-lhe uma mensagem. Conforme Dorés (2010), essa atividade é de vital importância, principalmente nos cursos EaD.

- Aceitar a aprendizagem pelo erro é uma das propostas que se demonstra mais efetiva. Embora seja colocada em destaque no ambiente, acaba sendo recusada por professores mais inexperientes. É preciso tomar cuidado, pois, em ambientes onde se exige a efetivação da teoria na prática de forma extensiva, o rigor da não aceitação de erros pode não ser bem recebido.
- Não postar no ambiente vídeos, animações e pequenos jogos que possam tornar-se chatos.
- Colocar a agradabilidade como requisito das tarefas exigidas dos alunos, principalmente aquelas relacionadas ao desenvolvimento da aprendizagem independente.
- Não inserir no ambiente conteúdos ou atividades muito grandes, que possam provocar estresse ou sobrecarga laboral, cognitiva ou psicológica.
- Não disponibilizar no ambiente conteúdos não relevantes ou não relacionados ao interesse pessoal ou profissional dos estudantes.
- Respeitar os ritmos individuais de aprendizagem e as formas particulares de desenvolvimento das atividades. O nivelamento de todos os alunos segundo determinado modelo pode desmotivar tanto aqueles que são mais rápidos quanto os que são mais lentos. Assim, o professor deve ter sensibilidade para evitar confrontação nessas situações. Para Romanowski, Romanowski e Peranzoni (2011), cada aluno tem um ritmo próprio e sua forma de desenvolver as atividades de aprendizagem. Caso ele atrapalhe o conjunto, alguma alternativa para contornar o problema deve ser proposta.
- Não fornecer conteúdo que não desperte a atenção e o interesse do aluno, buscando a motivação intrínseca para a obtenção de melhores resultados nas atividades de aprendizagem.
- Mesclar diferentes tipos de atividade, para não tornar a permanência do aluno no ambiente virtual monótona.
- Exigir responsabilidade pessoal do aluno no desenvolvimento de atividades em grupo e de interesse comum.
- Cobrar resultados, quando o próprio aluno se compromete com o desenvolvimento de atividades, e atentar-se ao tempo de efetivação e a outras características que possam impactar o ambiente, com vistas à democratização deste.

- Não sugerir apenas momentos de avaliação que seguem o modelo tradicional. Isso é comum entre professores inexperientes, que não aderem às propostas apresentadas em projetos instrucionais intensivamente estudados.
- Evitar a repetição ou o uso de modelos em atividades de retorno aos alunos. Quando essa situação acontece, eles perdem a confiança no professor, e recuperá-la normalmente não é uma atividade fácil.
- Cumprir as etapas e os prazos estabelecidos, pois o que se espera do aluno também se espera do professor. A flexibilidade está na escolha do tempo de início e da forma de desenvolvimento. Porém, uma vez que esses aspectos são definidos, eles passam a ser uma regra no ambiente. Assim, os atrasos devem ser evitados e, se ocorrerem em uma base regular, podem justificar uma suspensão do responsável.
- Não criticar comportamentos individuais diante dos demais participantes do ambiente, ainda que isso possa ocorrer de forma involuntária ou em razão de alguma distração. Alguns alunos jovens e adultos consideram esse posicionamento um "pecado mortal". Essa atitude deve ser evitada em qualquer ambiente, mas é ainda mais grave nesse nível de ensino, pois pode representar a evasão do aluno. O professor precisa ficar atento a esse problema e, para contorná-lo, pode adotar a estratégia de retorno (*feedback*) positivo ao estudante. Dorés (2010) considera que, assim, é possível evitar o impacto negativo que críticas necessárias podem ocasionar.
- Não demonstrar aos participantes insatisfação com algum aspecto do ambiente. A falta de confiança é a resposta imediata a essa situação e, muitas vezes, é difícil recuperar o interesse do aluno, o que pode aumentar o índice de evasão, que não é pequeno em ambientes virtuais.

Todo professor que inicia seu trabalho com jovens e adultos, além de cumprir responsabilidades, regras e obrigações, tem de promover a comunicação interpessoal no ambiente. Professores taciturnos nos ambientes virtuais tendem a repetir ou, até mesmo, a agravar essa característica em ambientes não presenciais ou semipresenciais. Desse modo, os alunos podem se isolar mais ainda, e a perda do interesse e da colaboração é imediata.

A afetividade secunda um processo de comunicação eficiente. Quanto mais empático for o relacionamento entre o professor e os alunos, maiores serão a proximidade entre ambos e a produtividade do processo de ensino e aprendizagem.

Termos importantes

Competição – O processo de gamificação tem se mostrado uma estratégia de alta funcionalidade. Apesar da recusa de alguns professores em aceitar a abordagem, ela tem sido cada vez mais utilizada na educação de jovens e de adultos. Segundo Cunha, Gasparini e Berkenbrock (2013), o aumento do engajamento dos envolvidos é uma forte justificativa à sua utilização no processo de ensino e aprendizagem.

Enquetes de grau de satisfação – Em razão da ausência de encontros presenciais, não é possível obter, olho no olho, informações sobre como um aluno está se sentindo com relação ao processo de ensino e aprendizagem. Dessa forma, sugere-se a aplicação de enquetes para verificar essa condição e providenciar estratégias alternativas para a superação da desmotivação dos estudantes. Falcão (2011) desenvolve um estudo voltado ao grau de satisfação de clientes, que pode ser transformado e aplicado a alunos. Essas enquetes permitem melhorias constantes nos processos em que são inseridas como elementos de verificação.

Leaderboard – Tabela que representa uma das recompensas sugeridas nos processos de gamificação. Além de ressaltar os feitos dos alunos, dá o devido destaque ao esforço que despenderam na superação e na busca de recordes, o que aumenta a motivação – extrínseca ou intrínseca – deles (Burke, 2015).

Small games, good games – Técnica muito utilizada no mercado corporativo e que, aos poucos, ocupa um lugar no ambiente onde jovens e adultos desenvolvem o processo de ensino e aprendizagem. Além de tornar o processo de ensino mais agradável, impõe desafios que motivam o aluno a desenvolver, de forma mais ativa e participativa, atividades voltadas à aquisição de competências e habilidades. Segundo Lordêlo e Dazzani (2009), seu uso é recomendado em atividades de avaliação.

Sobrecarga laboral, cognitiva ou psicológica – Esse aspecto está na dependência de uma atitude criteriosa por parte do professor. Quando as exigências superam a capacidade individual dos participantes, surgem situações de estresse, que podem provocar um dos tipos de sobrecarga relacionados. Todos eles podem influenciar negativamente o aproveitamento do aluno, portanto é importante evitá-los ao máximo.

Treinamento – A área da psicologia denominada *psicologia do desenvolvimento* estuda o modo como o ser humano se desenvolve. Esses estudos estabelecem uma diferenciação entre os termos *treinamento* e *aprendizagem*. O primeiro refere-se ao desenvolvimento de uma habilidade específica, ao passo que a aquisição e a aplicação de novos conhecimentos têm o objetivo de ampliar o pensamento crítico da pessoa e orientá-la para a criação de novos conteúdos com base em uma formação mais completa. A teoria considera que o treinamento capacita o profissional e a aquisição de conhecimentos o aprimora. Contudo, Pereira, Aragão e Gomes (2015), que desenvolvem um estudo intensivo sobre o assunto, apresentam resultados que confirmam o pensamento daqueles que julgam as atividades de treinamento importantes para a fixação de determinado conteúdo.

saiba +

Observe o tema proposto na primeira coluna, acesse o material indicado na segunda e desenvolva a tarefa sugerida na terceira.

Tema	Referência	Atividade
Competição em educação	FIALHO, N. N. Os jogos pedagógicos como ferramentas de ensino. In: EDUCERE, 8., 2008, Curitiba. **Anais**... Curitiba: PUCPR, 2008. Disponível em: <http://www.pucpr.br/eventos/educere/educere2008/anais/pdf/293_114.pdf>. Acesso em: 12 dez. 2017.	Leitura complementar

(continua)

(continuação)

Tema	Referência	Atividade
Small games no mercado corporativo	TRIGO, H. Jogos corporativos: como, quando e onde aplicar? **Massa cinzenta**, 17 fev. 2010. Disponível em: <http://www.cimentoitambe.com.br/jogos-corporativos-como-quando-e-onde-aplicar/>. Acesso em: 12 dez. 2017.	Leitura complementar
A importância da memória	PEIXOTO, A. F. A importância da memória. **O olhar da psicologia**, 20 abr. 2008. Disponível em: <http://psicob.blogspot.com.br/2008/04/importncia-da-memria.html>. Acesso em: 12 dez. 2017.	Leitura complementar associada a artigo de opinião sobre o tema
A importância do *feedback*	PAIVA, V. L. M. de O. e. **Feedback em ambiente virtual**. Disponível em: <http://www.veramenezes.com/feedback.htm>. Acesso em: 12 dez. 2017.	Leitura complementar
Ritmo individual de aprendizagem	CARDIM, P. Aprendizagem: ritmos individuais. **Belas Artes**, 5 mar. 2012. Disponível em: <http://www.belasartes.br/diretodareitoria/artigos/aprendizagem-ritmos-individuais>. Acesso em: 12 dez. 2017.	Leitura complementar associada a artigo de opinião sobre o tema

(conclusão)

Tema	Referência	Atividade
Importância da hiperleitura no ambiente da educação de jovens e de adultos	MARTINS, F. M. Estado da arte sobre leitura hipertextual em ambiente virtual de aprendizagem. **Hipertextus**, n. 4, jan. 2010. Disponível em: <http://www.hipertextus.net/volume4/Francimary-Macedo-MARTINS.pdf>. Acesso em: 12 dez. 2017.	Leitura complementar
Avaliação em ambiente de educação de jovens e de adultos	ROCHA, E. F. **Avaliação na EaD**: estamos preparados para avaliar? Maio 2014. Disponível em: <http://www.abed.org.br/arquivos/Avaliacao_na_EaD_Enilton_Rocha.pdf>. Acesso em: 12 dez. 2017.	Leitura complementar

Questões para revisão

1. Aponte pelo menos uma vantagem da mudança do paradigma de tratamento de conteúdo para uma nova abordagem voltada ao acompanhamento mais próximo ao aluno.

2. Mencione uma vantagem da colocação do aluno no controle do processo de ensino e aprendizagem, como o fazem os *video games* com os participantes.

3. Discuta pelo menos um aspecto positivo da efetivação da escuta ativa no ambiente de cursos oferecidos a jovens e adultos.

4. Analise pelo menos uma vantagem e uma desvantagem da implantação do conceito de competição em atividades de ensino e aprendizagem.

5. Amplie a diferenciação entre o treinamento e a aquisição de novos conhecimentos.

6. Sobre as questões de retorno ao aluno em ambientes de educação de jovens e de adultos, elabore um pequeno guia de orientações a ser seguido pelos professores.

7. Como é possível evitar a sobrecarga cognitiva, laboral ou psicológica em ambientes de educação de jovens e de adultos?

8. Quais medidas podem ser adotadas para que os ritmos de aprendizagem sejam respeitados nos cursos oferecidos a jovens e adultos?

9. Imagine que houve no ambiente algum tipo de atraso na entrega. Sugira, então, uma forma de controle do cumprimento de etapas e prazos, de forma imediata e automática.

10. Proponha a criação de uma sala de leitura em que materiais textuais digitais, pequenos vídeos e outros atrativos possam ser oferecidos a alunos jovens e adultos.

Resolva as situações-problema a seguir e elabore relatórios de estudo para expor as soluções encontradas.

problemas propostos

1. Uma IES necessita de um trabalho com orientações para a implantação do processo de gamificação em seus cursos da área técnica, na qual a visão tecnicista é mais aceita. Cada orientação deve estar justificada e conter instruções sobre como implantar o processo.

2. Ciente da importância do retorno ao aluno em ambientes *on-line* enriquecidos com tecnologia, uma IES solicita a realização de um estudo sobre como automatizar esse retorno. O estudo deve conter orientações sobre a melhor forma de se implantar o conceito de tutoria *on-line*, com vistas a um maior grau de satisfação do aluno.

Blogs

Capítulo 11

Como projetar o curso para a andragogia

Nesta obra, já abordamos o que é a andragogia, como o professor pode se preparar para atuar em ambientes voltados à educação de jovens e de adultos, as características do ambiente e os pecados a serem evitados. Dessa forma, falta apenas demonstrarmos o que pode ser feito para projetar o curso. Caso o docente seja independente, provavelmente não poderá contar com ajuda de uma equipe responsável; portanto, seus conhecimentos precisarão tornar-se ainda mais apurados.

11.1 Planejamento do curso

A complexidade dos ambientes enriquecidos com tecnologia requer um volume crescente de comunicação entre os agentes do processo de ensino e aprendizagem, com uso da internet e das mídias sociais. Isso inclui a proposta de atividades independentes e de interação em rede, inclusive para cursos efetivados na modalidade presencial tradicional, em virtude da mudança dos papéis desenvolvidos por professores e alunos.

Assim, atividades de fórum, *chats*, o uso de rádio *web* e tantas outras inovações precisam estar previamente estabelecidas de forma didática e pedagógica. Isso exige a profusão de metadados e a existência de portais educacionais em praticamente todas as iniciativas no âmbito acadêmico.

O desenvolvimento improvisado de projetos de cursos nos ambientes tradicionais deve ceder lugar a novas formas de desenvolvimento, nas quais o planejamento ocupa lugar de destaque.

Uma instituição de ensino superior inicia seu plano de desenvolvimento individual (PDI) e segue uma trajetória até chegar ao projeto de curso, no qual ementas, bibliografias e docentes são determinados. Porém, esse formato mostra-se insuficiente.

Nesse panorama, é esquecida a intervenção da tecnologia educacional, que muda essa forma de desenvolvimento perante a efetivação da aprendizagem independente e a participação ativa do aluno. Surgem, então, nessa estrutura uma nova forma de desenvolvimento de projetos e um novo profissional: o projeto instrucional e o projetista instrucional, respectivamente, responsáveis pelo planejamento detalhado dos cursos e pelo teste prévio de muitas atividades inseridas no ambiente. Para que esse planejamento obtenha sucesso, podem ser aplicadas diversas recomendações, sobre as quais discorreremos na sequência.

11.1.1 Pergunta norteadora

Quando uma pessoa vai dar início a um projeto científico, escrever um artigo ou desenvolver algo que exija a aplicação do método científico, ela costuma elaborar uma hipótese ou determinar uma ou mais perguntas norteadoras.

Seguindo essa mesma linha de raciocínio, podemos dizer que o início de um curso é como o início de um projeto de pesquisa. As pessoas não sabem bem o que vão fazer. Assim, o professor pode orientar cada aluno ou cada grupo a colocar pelo menos uma pergunta norteadora ou diretiva. É ela que, em primeira instância, direcionará as atitudes e os comportamentos a serem tomados pelos professores.

11.1.2 Estabelecimento de objetivos

Os objetivos devem ser claramente estabelecidos, mas primeiro no âmbito do projeto instrucional, pois eles servirão como regras. Em um segundo momento, é necessário conhecer o objetivo de cada aluno, a fim de adequá-lo ao propósito do projeto. Como alternativa, é possível propor um grau de flexibilidade no projeto, de forma a acomodar diferentes objetivos.

Como o ambiente é centrado no aluno, seus objetivos são prioritários, cabendo ao orientador fazer com que estes sejam factíveis e mensuráveis. Assim, no tempo previsto, os estudantes poderão buscar alcançá-los.

É o objetivo principal que determina o ponto de chegada. Por sua vez, os objetivos secundários representam etapas a serem vencidas. Assim, cada objetivo deve ser uma meta inteligente, ou seja, específica, mensurável, atingível, relevante, oportuna e, sobretudo, que propicia uma aprendizagem significativa.

São assim consideradas as metas definidas em trabalhos científicos e que apresentam como características a factibilidade no tempo, com recursos disponíveis para o desenvolvimento do estudo. Severino (2014) pontua que esse aspecto deve ser levado em consideração para que a pesquisa possa ser desenvolvida, e o resultado final, apresentado em tempo hábil.

11.1.3 Problematização dos conteúdos

No projeto instrucional, normalmente se indica a abordagem que será utilizada, mas não necessariamente o problema que pode ser colocado em cada etapa. Assim, é preciso deixar cada equipe definir a forma como vai **problematizar o currículo** – o que está implícito na abordagem do conectivismo.

É esse passo que dá início à proposta de utilização da aprendizagem baseada em problemas como direcionadora das atividades (Berbel, 1998). Ela pode vir previamente determinada no projeto instrucional ou ser desenvolvida como a primeira tarefa dos grupos montados para o estudo de um objeto de interesse comum. É importante lembrar o que foi dito anteriormente com relação à procura de metas inteligentes.

11.1.4 Estabelecimento da estratégia do mais simples ao mais complexo

O projeto pode não privilegiar a utilização de repositórios físicos de objetos de aprendizagem. Nesse caso, muitos professores adotam o posicionamento de tratar o projeto como se ele tivesse sido assim definido. Isso é possível com a criação de uma estruturação lógica que facilite a apresentação de uma rota de aprendizagem. A proposta de desenvolver a atividade de aprendizagem do mais simples ao mais completo é muito atraente e justifica essa ação. Por outro lado, é importante deixar os alunos escolherem o conteúdo que consideram relevante, para que o objetivo da aprendizagem significativa seja atingido.

Outras questões pedagógicas já são estabelecidas no projeto instrucional. De acordo com o público-alvo, por exemplo, o curso pode ser desenvolvido com um enfoque comportamentalista ou construtivista. Tais escolhas compõem a fase inicial do referido projeto na metodologia *Analysis, Design, Development, Implantation, Evaluation* (Addie), que é a mais utilizada na maioria dos projetos instrucionais, ainda que não seja a única possibilidade.

O uso ou não de recursos como gamificação e sala de aula invertida também é previsto no projeto instrucional, na medida em que essa decisão baliza o modo como ele será desenvolvido.

11.1.5 Planejamento do tempo

O professor orientador deve discutir com os alunos questões relacionadas à gestão do tempo. É preciso evitar o estabelecimento de planos mirabolantes, não factíveis, seja pela inexperiência dos professores, seja dos alunos. Professores mais preparados já sabem da importância desse fato, principalmente porque ele não é determinado no projeto instrucional do curso. É uma decisão tomada quando os envolvidos iniciam sua participação.

11.1.6 Identificação de expectativas

É essencial identificar as expectativas dos alunos. Se eles não as tiverem, é necessário criá-las. É com base nisso que o professor conhece os objetivos que os alunos jovens e adultos e seus grupos pretendem atingir, sendo possível dimensionar os recursos ou alterar as rotas definidas no projeto instrucional. É importante que as expectativas dos grupos sejam convergentes, com vistas a evitar frustrações causadas por divergências, uma vez que estas podem provocar a dispersão dos esforços.

O estabelecimento de expectativas está na base da obtenção de motivação. Trabalhar no sentido de seu cumprimento está na base do desejo de obter a solução para problemas e um elevado grau de satisfação dos participantes de iniciativas educacionais (Filatro; Piconez, 2004).

II.1.7 Elaboração de uma lista de atividades

É altamente recomendada a elaboração de uma lista de atividades. Nela, professores e alunos devem explicitar o que exatamente esperam do curso; é algo semelhante a uma lista de intenções. Para tanto, pode-se seguir este roteiro:

- nome do curso, da turma, dos participantes e das disciplinas;
- estruturação lógica em objetos de aprendizagem;
- projeto de gestão de tempo;
- problema escolhido;
- divisão de tarefas (se existirem grupos);
- expectativas;
- pontos de inflexão para a autoavaliação do que está sendo feito e o cumprimento do que foi estabelecido;
- detalhamento da(s) rota(s);
- outros dados que o aluno considerar relevantes.

Essa lista geralmente é desenvolvida com a utilização de um *software* que prepara planilhas de projeto, como o MS Project, da Microsoft.

II.1.8 Metadados

Ainda que uma atividade seja construída em tempo de projeto instrucional, é importante que o aluno saiba da existência de uma área com essas características. Ela traz informações sobre tudo o que existe no sistema (entidades) e sobre todos os processos, colocados de forma descritiva ou como tutoriais, os quais podem ser consultados a qualquer momento.

É possível configurar uma área de *frequently asked questions* (FAQ) dinâmica, mantida pelos próprios participantes; ao final do curso, ela pode ser publicada e, no início de um novo curso, pode ser carregada como elemento de apoio. Há também manuais diversos sobre atividades, recomendações e quaisquer informações que possam suscitar dúvidas nos participantes.

> **Termos importantes**
>
> **Hipótese** – Proposição colocada como motivadora do desenvolvimento de pesquisas sobre o comportamento de algum objeto de interesse (Severino, 2014). Com base em estudos e na adoção do método científico, ela pode ser verificada ou falseada.
>
> **Perguntas norteadoras** – Questionamentos que representam as dúvidas do pesquisador sobre o comportamento de algum objeto de interesse (Severino, 2014). Direcionam o desenvolvimento de trabalhos de pesquisa com base em estudos apoiados no método científico.

Observe o tema proposto na primeira coluna, acesse o material indicado na segunda e desenvolva a tarefa sugerida na terceira.

Tema	Referência	Atividade
O método científico	INTRODUÇÃO ao método científico. **Pesquisa Unificada**. Disponível em: <http://www.pesquisa-unificada.com/pesquisas/introducao-ao-metodo-cientifico/>. Acesso em: 12 dez. 2017.	Leitura complementar
Como estabelecer metas	COSTA, C. Como estabelecer metas. **Administradores.com**, 18 mar. 2014. Disponível em: <http://www.administradores.com.br/artigos/carreira/como-estabelecer-metas/76202/>. Acesso em: 12 dez. 2017.	Leitura complementar associada à navegação por outros *links* indicados na página

(continua)

(conclusão)

Tema	Referência	Atividade
Como problematizar um currículo	BERBEL, N. A. N. **A problematização e a aprendizagem baseada em problemas**: diferentes termos ou diferentes caminhos? 1998. Disponível em: <http://www.scielo.br/pdf/icse/v2n2/08>. Acesso em: 12 dez. 2017.	Leitura complementar associada a artigo de opinião sobre o tema
Como estabelecer expectativas	PARANÁ. Secretaria de Estado da Educação. **Caderno de expectativas de aprendizagem**. 2012. Disponível em: <http://www.educadores.diaadia.pr.gov.br/arquivos/File/diretrizes/caderno_expectativas.pdf>. Acesso em: 12 dez. 2017.	Leitura complementar

Questões para revisão

1. Imagine um problema que você tem de resolver e uma hipótese a validar.
2. Transforme essa hipótese em uma ou mais perguntas norteadoras.
3. Proponha algum tipo de metodologia para o estabelecimento de metas.
4. Elabore sugestões sobre como problematizar determinado currículo, com um exemplo pontual.
5. Sugira formas de evitar expectativas que não poderão ser cumpridas.

problema proposto

Resolva a situação-problema a seguir e elabore um relatório de estudo para expor a solução encontrada.

Ao decidir utilizar, com outras metodologias inovadoras, a aprendizagem baseada em problemas, uma IES solicita aos pesquisadores que produzam um relatório com os procedimentos a serem adotados e as formas de problematizar determinado currículo. No relatório final, eles devem apresentar um pequeno exemplo para facilitar a compreensão de outros professores que adotarão a metodologia proposta.

Considerações finais

Percebemos que grande parte dos professores apresenta uma formação tradicional, ainda ofertada em diversas licenciaturas na área didática e pedagógica. Em outras palavras, muitos não se sujeitaram a um processo de profissionalização docente especificamente voltado à educação a distância (EaD). Esses professores vão de encontro às necessidades sociais, que exigem a formação de profissionais com maior competitividade para enfrentar um mercado cercado por incertezas sociais. Assim, é preciso que tanto os professores quanto os alunos venham a ter uma formação mais cuidadosa.

Nesta obra, concentramo-nos em um novo comportamento docente, capaz de atender à nova geração digital que chega atualmente aos bancos escolares. Nesse sentido, além de abordarmos os fundamentos da andragogia, discorremos sobre as principais características da nova geração digital, com vistas ao estabelecimento de um processo de comunicação produtivo entre os agentes educacionais.

Destacamos também os fundamentos da tecnologia educacional no que se refere à criação de ambientes enriquecidos com tecnologia e as diferentes modalidades de oferta de cursos de ensino superior.

Enfatizamos que, para se aproximar dos alunos, os professores e as instituições têm de adentrar no universo deles, ampliando, por exemplo, o uso das redes sociais. O conectivismo – teoria de aprendizagem em construção – lança novos olhares para antigas teorias, as quais precisam ser consideradas à luz da elevada participação da tecnologia nos ambientes educacionais.

Por fim, demonstramos como seria um ambiente ideal à educação de jovens e de adultos, com orientações sobre como o professor pode desenvolver práticas mais adequadas para que esses alunos realizem suas atividades de forma mais confortável, rumo a uma independência progressiva, que pode levá-los a uma situação de heutagogia.

Referências

ALHEIT, P.; DAUSIEN, B. Processo de formação e aprendizagem ao longo da vida. **Educação e Pesquisa**, São Paulo, v. 32, n. 1, jan./abr. 2006. Disponível em: <http://www.scielo.br/scielo.php?script=sci_arttext&pid=S1517-97022006000100011>. Acesso em: 24 nov. 2017.

ARK, T. V. 8 princípios da gamificação produtiva. **Por vir**, 28 fev. 2014. Disponível em: <http://porvir.org/8-principios-da-gamificacao-produtiva/>. Acesso em: 24 nov. 2017.

AUSUBEL, D. P. **Educational Psychology**: A Cognitive View. New York: Holt, Rinehart and Winston, 1968.

AUSUBEL, D. P. **The Psychology of Meaningful Verbal Learning**. New York: Grune and Stratton, 1963.

BELLONI, M. L. **Educação a distância**. 4. ed. São Paulo: Autores Associados, 2006.

BENTHAM, S. **Psychology and Education**. New York: Routledge, 2002.

BERBEL, N. A. N. A problematização e a aprendizagem baseada em problemas: diferentes termos ou diferentes caminhos? **Interface: Comunicação, Saúde, Educação**, v. 2, n. 2, 1998. Disponível em: <http://www.scielo.br/pdf/icse/v2n2/08>. Acesso em: 24 nov. 2017.

BICALHO, M. G. P. **Ensino superior privado, relação com o saber e reconstrução identitária**. 194 f. Tese (Pós-Graduação em Educação) – Faculdade de Educação, Universidade Federal de Minas Gerais, Belo Horizonte, 2004. Disponível em: <http://srvwebbib.univale.br/pergamum/tcc/Ensinosuperiorprivadorelacaoocomosaberereconstrucaoidentitaria.pdf>. Acesso em: 27 nov. 2017.

BILIC, B. O que é a aprendizagem adaptativa? **D2L**, 26 maio 2015. Disponível em: <https://www.d2l.com/pt-br/blog/o-que-e-a-aprendizagem-adaptativa/>. Acesso em: 24 nov. 2017.

BISPO, P. 10 razões para investir na comunicação interpessoal. **RH.com.br**, 16 dez. 2013. Disponível em: <http://www.rh.com.br/Portal/Comunicacao/Dicas/8966/10-razoes-para-investir-na-comunicacao-interpessoal.html>. Acesso em: 24 nov. 2017.

BLOOM, B. S. et al. **Taxonomy of Educational Objectives, Handbook I**: The Cognitive Domain. New York: David McKay Co. Inc., 1956.

BRITO, E. Saiba o que é nanotecnologia e como ela pode mudar o futuro. **Techtudo**, 28 set. 2015. Disponível em: <http://www.techtudo.com.br/artigos/noticia/2013/03/saiba-o-que-e-nanotecnologia-e-como-ela-pode-mudar-o-futuro.html>. Acesso em: 24 nov. 2017.

BRUNET, R. Relação interpessoal. **Administradores.com**, 25 ago. 2014. Disponível em: <http://www.administradores.com.br/artigos/carreira/relacao-interpessoal/80093/>. Acesso em: 24 nov. 2017.

BURKE, B. **Gamificar**: como a gamificação motiva as pessoas a fazerem coisas extraordinárias. São Paulo: DVS, 2015.

CABRAL, J. F. P. Ironia e maiêutica de Sócrates. **Brasil Escola**. Disponível em: <http://brasilescola.uol.com.br/filosofia/ironia-maieutica-socrates.htm>. Acesso em: 24 nov. 2017.

CAIRNCROSS, F. **O fim das distâncias**: como a revolução nas comunicações transformará nossas vidas. São Paulo: Nobel/Exame, 2000.

CARMELITO, R. TQM (Total Quality Management), a melhoria no processo. **Administradores.com**, 28 nov. 2008. Disponível em: <http://www.administradores.com.br/artigos/negocios/tqm-total-quality-management-a-melhoria-no-processo/26608/>. Acesso em: 24 nov. 2017.

CARVALHO, A. A. de; BRITO, M. P. V. de. As gerações boomer, baby boomer, x, y, z. **Brasilianas.org**, 31 jan. 2013. Disponível em: <http://advivo.com.br/blog/marco-paulo-valeriano-de-brito/as-geracoes-boomer-baby-boomer-x-y-z>. Acesso em: 24 nov. 2017.

CASTELLS, M. **A galáxia da internet**: reflexões sobre a internet, os negócios e a sociedade. Rio de Janeiro: J. Zahar, 2003. (Coleção Interface).

CONNECTED Minds: Technology and Today's Learners. In: PEDRÓ, F. (Ed.). **Centre for Educational Research and Innovation**. OECD Publishing, 2012.

CORDOVA, T.; FAVRETTO, R. A. D. **As redes sociais e a educação**: o uso do Facebook na modalidade de educação de jovens e adultos do Sesi em Santa Catarina. Florianópolis, 2014. Disponível em: <http://www.abed.org.br/hotsite/20-ciaed/pt/anais/pdf/40.pdf>. Acesso em: 24 nov. 2017.

CUNHA, L. F. da; GASPARINI, I.; BERKENBROCK, C. D. M. **Investigando o uso de gamificação para aumentar o engajamento em sistemas colaborativos**. 2013. Disponível em: <http://ceur-ws.org/Vol-1051/paper4.pdf>. Acesso em: 27 nov. 2017.

CYBIS, W. de A. **A identificação dos objetos de interfaces homem-computador e de seus atributos ergonômicos**. 151 f. Tese (Doutorado em Engenharia de Produção) – Universidade Federal de Santa Catarina, Florianópolis, 1994. Disponível em: <https://repositorio.ufsc.br/bitstream/handle/123456789/76000/96296.pdf?sequence=1>. Acesso em: 27 nov. 2017.

DANIEL, G. A. **Tendências pedagógicas liberais**. 2011. Disponível em: <http://www.tendenciaspedagogicas.blogspot.com.br/2011/06/as-tendencias-pedagogicas-liberais.html>. Acesso em: 12 maio 2017.

DEBORD, G. **A sociedade do espetáculo**. 2003. Disponível em: <http://www.ebooksbrasil.org/eLibris/socespetaculo.html>. Acesso em: 27 nov. 2017.

DICIONÁRIO INFORMAL. Disponível em: <http://www.dicionarioinformal.com.br>. Acesso em: 27 nov. 2017.

DORÉS, R. A importância do feedback na melhoria do desempenho. **Infoq**, 9 abr. 2010. Disponível em: <https://www.infoq.com/br/news/2010/04/feedback-importancia-desempenho>. Acesso em: 27 nov. 2017.

DOWNES, S. **Conectivism and Connective Knowledge**. 2012. Disponível em: <http://www.downes.ca/files/books/Connective_Knowledge-19May2012.pdf>. Acesso em: 27 nov. 2017.

DOWNES, S. What Connectivism Is. **Half an Hour**, 3 fev. 2007. Disponível em: <http://halfanhour.blogspot.com.br/2007/02/what-connectivism-is.html>. Acesso em: 27 nov. 2017.

FALCÃO, D. A opinião do cliente como ferramenta de crescimento. **Revista Digital**. 1º dez. 2011. Disponível em: <http://www.revistadigital.com.br/2011/12/a-opiniao-do-cliente-como-ferramenta-de-crescimento/>. Acesso em: 27 nov. 2017.

FÁVERI, H. J. de. **Avaliar é preciso**: mudar é necessário. Vivência de uma proposta de avaliação emancipatória com os alunos do curso de Pedagogia da Unidavi. Dissertação (Mestrado em Educação e Cultura) – Universidade do Estado de Santa Catarina, Florianópolis, 2003. Disponível em: <http://docplayer.com.br/23514344-Avaliar-e-preciso-mudar-e-necessario-vivencia-de-uma-proposta-de-avaliacao-emancipatoria-com-os-alunos-do-curso-de-pedagogia-da-unidavi.html>. Acesso em: 24 nov. 2017.

FEENBERG, A. **Questioning Technology**. Londres: Routledge, 2012.

FERREIRA, A. F.; NASCIMENTO, I.; FONTAINE, A. M. O papel do professor na transmissão de representações acerca de questões vocacionais. **Revista Brasileira de Orientação Profissional**, São Paulo, v. 10, n. 2, dez. 2009. Disponível em: <http://pepsic.bvsalud.org/scielo.php?script=sci_artt ext&pid=S1679-33902009000200006>. Acesso em: 24 nov. 2017.

FIALHO, F. A. P. **Ciências da cognição**: métodos e técnicas em ergonomia. Florianópolis: Insular, 2001.

FILATRO, A.; PÍCONEZ, S. C. B. Design instrucional contextualizado. In: CONGRESSO INTERNACIONAL DE EDUCAÇÃO A DISTÂNCIA, 11., 2004, Salvador. **Anais**... Salvador, 2004. Disponível em: <http://www.abed.org.br/congresso2004/por/htm/049-TC-B2.htm>. Acesso em: 27 nov. 2017.

FONSECA, V. **Aprender a aprender**: a educabilidade cognitiva. Porto Alegre: Artmed, 1998.

FREIRE, R. Óculos de realidade virtual: tudo que você precisa saber antes de comprar. **Techtudo**, 14 mar. 2016. Disponível em: <http://www.techtudo.com.br/listas/noticia/2016/03/oculos-de-realidade-virtual-tudo-que-voce-precisa-saber-antes-de-comprar.html>. Acesso em: 27 nov. 2017.

GADOTTI, M. A boniteza de um sonho: aprender e ensinar com sentido. **Abceducatio**, v. 3, n. 17, p. 30-33, 2002.

GARDNER, H. **Inteligências múltiplas**: a teoria na prática. Porto Alegre: Penso, 1995.

GEBIN, D. **Learning by doing**: aprender fazendo. **Administradores.com**, 24 nov. 2014. Disponível em: <http://www.administradores.com.br/artigos/academico/learning-by-doing-aprender-fazendo/82892/>. Acesso em: 27 nov. 2017.

GIDDENS, A. **Modernidade e identidade**. Rio de Janeiro: J. Zahar, 2012.

GIROUX, H. **Os professores como intelectuais**. Porto Alegre: Penso, 1997.

GUGELMIN, F. Entenda a importância da inteligência artificial e como ela molda o futuro. **Tecmundo**, 18 abr. 2016. Disponível em: <https://www.tecmundo.com.br/inteligencia-artificial/103793-inteligencia-artificial-importante-ela-molda-nosso-futuro.htm>. Acesso em: 23 nov. 2017.

HAUTSCH, O. Como funciona a realidade aumentada. **Tecmundo**, 19 maio 2009. Disponível em: <http://www.tecmundo.com.br/realidade-aumentada/2124-como-funciona-a-realidade-aumentada.htm>. Acesso em: 27 nov. 2017.

HECKE, C. Como dispositivos móveis estão mudando forças de trabalho ao redor do mundo. **Tecmundo**, 14 out. 2013. Disponível em: <http://www.tecmundo.com.br/tendencias/45649-como-dispositivos-moveis-estao-mudando-forcas-de-trabalho-ao-redor-do-mundo.htm>. Acesso em: 27 nov. 2017.

HERMANN, W.; BOVO, V. **Mapas mentais**: enriquecendo inteligências. 2005. Disponível em: <http://www.idph.net/download/mmapresent.pdf>. Acesso em: 24 nov. 2017.

HOLMBERG, B. **Theory and Practice of Distance Education (Routledge Studies in Distance Education)**. 2. ed. Reino Unido: Routledge, 2005.

IIYOSHI, T.; KUMAR, V. M. S. (Ed.). **Educação aberta**: o avanço coletivo da educação pela tecnologia, conteúdo e conhecimento abertos. Tradução de Marcello Vannini e Tatiana de Araújo Gomes. 2008. Disponível em: <http://www.abed.org.br/arquivos/Livro_Educacao_Aberta_ABED_Positivo_Vijay.pdf>. Acesso em: 27 nov. 2017.

IMS GLC – IMS Global Learning Consortium. **Learning Resource Metadata Specification**. Disponível em: <https://www.imsglobal.org/metadata/index.html>. Acesso em: 27 nov. 2017.

IZQUIERDO, I. **Memória**. Porto Alegre: Artmed, 2011.

KIM, W.; MAUBORGNE, R. **A estratégia do oceano azul**. Edição estendida. Rio de Janeiro: Elsevier acadêmico, 2015.

KNOWLES, M. **Aprendizagem de resultados (recurso eletrônico)**: uma abordagem prática para aumentar a efetividade da educação corporativa. Tradução de Alexandra Holler. Rio de Janeiro: Elsevier Acadêmico, 2011.

LEFEVER, M. **Learning Styles**. Colorado: David C. Cook, 2011.

LEITE, C. A linguagem dos objectos e a criação de significado no espaço doméstico: um repertório de afectos. **Comunicação e Sociedade 2**, v. 14, n. 1-2, p. 205-216, 2000. Disponível em: <http://revistacomsoc.pt/index.php/comsoc/article/view/1395/1327>. Acesso em: 27 nov. 2017.

LEITE, L. S. **Tecnologia educacional**: descubra suas possibilidades na sala de aula. São Paulo: Vozes, 2011.

LÉVY, P. **A inteligência coletiva**. São Paulo: Loyola, 2014.

LIBÂNEO, J. C. **Adeus professor, adeus professora?** Novas exigências educacionais e profissão docente. São Paulo: Cortez, 2007.

LIMA, J. de O.; ANDRADE, M. N. de; DAMASCENO, R. J. de A. A resistência do professor diante das novas tecnologias. **Brasil Escola**. Disponível em: <http://meuartigo.brasilescola.uol.com.br/educacao/a-resistencia-professor-diante-das-novas-tecnologias.htm>. Acesso em: 27 nov. 2017.

LIMA, K. M. Determinismo tecnológico. In: CONGRESSO BRASILEIRO DE COMUNICAÇÃO, 24., 2001, Campo Grande. **Anais**... Campo Grande: Intercom, 2001. Disponível em: <http://www.infoamerica.org/documentos_pdf/determinismo.pdf>. Acesso em: 27 nov. 2017.

LITTO, F.; FORMIGA, M. **Educação a distância**: o estado da arte. São Paulo: Pearson Education, 2009.

LORDÊLO, J. A. C.; DAZZANI, M. V. (Org.). **Avaliação educacional**: desatando e reatando nós. Salvador: EDUFBA, 2009. Disponível em: <http://static.scielo.org/scielobooks/wd/pdf/lordelo-9788523209315.pdf>. Acesso em: 27 nov. 2017.

MARY-FL, L. Novos geradores inteligentes de imagem 3D simplificam processos automatizados de inspeção e reduzem custos de produção industrial. **Faro**, 2016. Disponível em: <https://www.faro.com/pt-br/noticias/novos-geradores-inteligentes-de-imagem-3d-simplificam-processos-automatizados-de-inspecao-e-reduzem-custos-de-producao-industrial/>. Acesso em: 27 nov. 2017.

MATTAR, J. **Games em educação**: como os nativos digitais aprendem. São Paulo: Pearson, 2010.

MAZUR, E. **Peer Instruction**. Porto Alegre: Penso, 2015.

McLUHAN, M. **The Medium is the Message**. New York: Gingko Press, 2001.

MORAN, J. M. **O uso das novas tecnologias da informação e da comunicação na EAD**: uma leitura crítica dos meios. Palestra proferida pelo professor José Manuel Moran no evento Programa TV Escola: Capacitação de Gerentes. Belo Horizonte; Fortaleza: Copead/Seed/MEC, 1999. Disponível em: <http://portal.mec.gov.br/seed/arquivos/pdf/T6%20TextoMoran.pdf>. Acesso em: 27 nov. 2017.

MOREIRA, A. **Inteligência emocional e suas implicações nas relações interpessoais**. 2014. Disponível em: <http://pt.slideshare.net/anjomoreira/inteligencia-emocional-35624539>. Acesso em: 27 nov. 2017.

MOREIRA, M. A. **Abandono da narrativa, ensino centrado no aluno e aprender a aprender criticamente**. Niterói, 2010; São Paulo, 2010. Conferência proferida no II Encontro Nacional de Ensino de Ciências da Saúde e do Ambiente e no VI Encontro Internacional e III Encontro Nacional de Aprendizagem Significativa. Disponível em: <https://www.if.ufrgs.br/~moreira/Abandonoport.pdf>. Acesso em: 27 nov. 2017.

MOREIRA, M. A. **Aprendizagem significativa**: a teoria e textos complementares. São Paulo: Livraria da Física, 2012.

MORIN, E. **A religação dos saberes**: o desafio do século XXI. Rio de Janeiro: Bertrand Brasil, 2001.

MUNHOZ, A. S. **Aprendizagem baseada em problemas**: ferramenta de apoio ao docente no processo de ensino e aprendizagem. São Paulo: Cengage, 2016a.

MUNHOZ, A. S. Big Data: altos volumes de informação podem causar problemas. **Blanting News**, 22 fev. 2015a. Disponível em: <http://br.blastingnews.com/tecnologia/2015/02/big-data-altos-volumes-de-info rmacoes-podem-causar-problemas-00280455.html>. Acesso em: 27 nov. 2017.

MUNHOZ, A. S. Crowdsourcing: adote essa ideia. **Blanting News**, 15 fev. 2015b. Disponível em: <http://br.blastingnews.com/tecnologia/2015/02/crowdsourcing-adote-essa-ideia-00272515.html>. Acesso em: 27 nov. 2017.

MUNHOZ, A. S. **MOOCS**: produção de conteúdos educacionais. São Paulo: Saraiva, 2016b.

MUNHOZ, A. S. **O estudo em ambiente virtual de aprendizagem**. Curitiba: Ibpex, 2011a.

MUNHOZ, A. S. **Objetos de aprendizagem**. Curitiba: Ibpex, 2011b.

MUNHOZ, A. S. **Tecnologia educacional**. São Paulo: Saraiva, 2016c.

MUNHOZ, A. S. **Tutoria**: uma nova visão. Curitiba: Intersaberes, 2014.

MUNHOZ, A. S. **Vamos inverter a sua sala de aula?** São Paulo: Clube de Autores, 2016d.

NEWMAN, F.; COUTURIER, L.; SCURRY, J. **The Future of Higher Education**: Rhetoric, Reality and the Risks of Market. San Francisco: Jossey-Bass, 2004.

NOGUEIRA, J. O que é storytelling? **Administradores.com**, 16 abr. 2014. Disponível em: <http://www.administradores.com.br/artigos/marketing/o-que-e-storytelling/76803/>. Acesso em: 27 nov. 2017.

NOVAK, J. D.; CAÑAS, A. J. A teoria subjacente aos mapas conceituais e como elaborá-los e usá-los. **Práxis Educativa**, Ponta Grossa, v. 5, n. 1, p. 9-29, jan./jun. 2010. Disponível em: <http://cmap.ihmc.us/docs/pdf/ TeoriaSubjacenteAosMapasConceituais.pdf>. Acesso em: 27 nov. 2017.

NWLINK. **Bloom's Taxonomy of Learning Domains**. Disponível em: <http:// www.nwlink.com/~donclark/hrd/bloom.html>. Acesso em: 27 nov. 2017.

PAPERT, S. **A máquina das crianças**. Porto Alegre: Penso, 2008.

PATHAK, R. P.; CHAUDHARY, J. **Educational Technology**. São Paulo: Pearson, 2011.

PAURA, M.; GRINSPUN, Z. **Conflito de paradigmas e alternativas para a escola**. São Paulo: Cortez, 2011.

PEREIRA, M. J. G.; ARAGÃO, J. D. B. F.; GOMES, R. L. R. A importância do treinamento e capacitação de pessoas: um estudo de caso na lavanderia industrial. **RH Portal**, 2 set. 2015. Disponível em: <http:// www.rhportal.com.br/artigos-rh/a-importncia-do-treinamento-e-capacitao-de-pessoas-um-estudo-de-caso-na-lavanderia-industrial/>. Acesso em: 27 nov. 2017.

PINK, D. **Motivação 3.0**. São Paulo: Elsevier, 2010.

POPADIUK, S.; MARCONDES, R. C. Marketing social como um instrumento facilitador de mudanças organizacionais: uma aplicação ao processo de privatização. **Caderno de Pesquisas em Administração**, São Paulo, v. 1, n. 12, p. 42-53, 2º trim. 2000. Disponível em: <http://www. regeusp.com.br/arquivos/C12-art04.pdf>. Acesso em: 27 nov. 2017.

PRENSKY, M. Nativos digitais, imigrantes digitais. Tradução de Roberta de Moraes Jesus de Souza. **On the Horizon**, NCB University Press, v. 9, n. 5, out. 2001. Disponível em: <http://www.colegiongeracao.com.br/ novageracao/2_intencoes/nativos.pdf>. Acesso em: 27 nov. 2017.

QUINTANILHA, P. O que são mídias sociais? **Pedro Quintanilha**, 23 mar. 2012. Disponível em: <http://www.pedroquintanilha.com.br/midias-sociais/o-que-sao-midias-sociais/>. Acesso em: 27 nov. 2017.

ROMANOWSKI, L. M. L.; ROMANOWSKI, C. L.; PERANZONI, V. C. Educação para diversidade humana: respeito às diferenças e valorização da singularidade. **EFDeportes.com**, Buenos Aires, v. 16, n. 158, jul. 2011. Disponível em: <http://www.efdeportes.com/efd158/educacao-para-diversidade-humana.htm>. Acesso em: 27 nov. 2017.

RUCKER, D. **Crowdsourcing Wisdom**: A Guide to Doing Public Meetings that Actually Make your Community Better. Reino Unido: Wise Fool Press, 2015.

SAMPAIO, L. R.; CAMINO, C. P. dos S.; ROAZZI, A. Revisão de aspectos conceituais, teóricos e metodológicos da empatia. **Psicologia: Ciência e Profissão**, v. 29, n. 2, p. 212-227, 2009. Disponível em: <http://www.scielo.br/pdf/pcp/v29n2/v29n2a02.pdf>. Acesso em: 24 nov. 2017.

SANTANA, A. L. Pensamento crítico. **Infoescola**, 2011. Disponível em: <http://www.infoescola.com/filosofia/pensamento-critico/>. Acesso em: 27 nov. 2017.

SOCIEDADE BRASILEIRA DE COACHING. **O que é coaching educacional?** Disponível em: <https://www.sbcoaching.com.br/coaching/coaching-educacional>. Acesso em: 12 dez. 2017.

SCHNEIDER, E. I.; MEDEIROS, L. F. de.; URBANETZ, S. T. O aprender e o ensinar em EaD por meio de rotas de aprendizagem. In: CIAED – CONGRESSO INTERNACIONAL ABED DE EDUCAÇÃO A DISTÂNCIA, 15., 2009, Fortaleza. **Anais**... Fortaleza, 2009. Disponível em: <http://www2.abed.org.br/congresso2009/CD/trabalhos/1552009174534.pdf>. Acesso em: 27 nov. 2017.

SELWYN, N. Looking Beyond Learning: Notes Towards the Critical Study of Educational Technology. **Journal of Computer Assisted Learning**, v. 26, n. 1, p. 65-73, fev. 2010.

SEVERINO, A. J. **Metodologia do trabalho científico**. São Paulo: Cortez, 2014.

SIEMENS, G. New Structures and Spaces of Learning: The Systemic Impact of Connective Knowledge, Connectivism, and Networked Learning. In: ENCONTRO SOBRE WEB 2.0, 2008, Braga. **Anais**... Braga, 2008. Disponível em: <http://elearnspace.org/Articles/systemic_impact.htm>. Acesso em: 27 nov. 2017.

SIGNIFICADOS. Disponível em: <https://www.significados.com.br/twitter/>. Acesso em: 27 nov. 2017.

SILVA, S. O. Pensamento sistêmico e uma gestão por processos: uma revisão sistemática. In: CONGRESSO BRASILEIRO DE SISTEMAS, 8., 2012, Poços de Caldas. **Anais**... Poços de Caldas, 2012. Disponível em: <https://www.pucpcaldas.br/graduacao/administracao/revista/artigos/esp1_8cbs/22.pdf>. Acesso em: 27 nov. 2017.

SIQUEIRA, J. Criatividade e comunicação: a importância de saber ouvir. **Criatividade aplicada**, 2008. Disponível em: <http://criatividadeaplicada.com/2008/07/20/criatividade-e-comunicacao-a-importancia-de-saber-ouvir/>. Acesso em: 27 nov. 2017.

SNYDER, G. **Pedagogia progressista**. Lisboa: Livraria Almedina, 1974.

SOUZA, G. M. R. de. **Professor reflexivo no ensino superior**: intervenção na prática pedagógica. 148 f. Dissertação (Mestrado em Educação) – Pontifícia Universidade Católica do Paraná, Curitiba, 2005.

TAURION, C. Os dispositivos vestíveis vieram para ficar. **Infobase**. Disponível em: <http://infobase.com.br/os-dispositivos-vestiveis-vieram-para-ficar/>. Acesso em: 27 nov. 2017.

TEIXEIRA, P. Os 9 tipos de inteligência humana: quais as suas? **UpdateorDie!**, 31 jan. 2015. Disponível em: <http://www.updateordie.com/2015/01/31/os-9-tipos-de-inteligencia-humana/>. Acesso em: 12 maio 2017.

TEIXEIRA, T. **Infografia e jornalismo**: conceitos, análises e perspectivas. Bahia: Edufba, 2011.

TUCKER, L. Using Social Media Marketing in Higher Education. **Top Universities**, 2014. Disponível em: <http://www.topuniversities.com/blog/using-social-media-marketing-higher-education>. Acesso em: 24 nov. 2017.

UNESCO – Organização das Nações Unidas para a Educação, a Ciência e a Cultura. **World Education Forum 2015**. Disponível em: <http://en.unesco.org/world-education-forum-2015/>. Acesso em: 27 nov. 2017.

VELER. Andragogia: o que é e qual sua importância para a aprendizagem corporativa. **Veler**, 11 mar. 2014. Disponível em: <http://veler.com.br/blog/andragogia-o-que-e-e-qual-sua-importancia-para-aprendizagem-corporativa/>. Acesso em: 27 nov. 2017.

VOLPI, M. T. **A universidade e sua responsabilidade social**. Porto Alegre: Ed. da PUCRS, 1996.

WEARABLE in Learning. **Tata Interactive Systems**. Disponível em: <http://www.tatainteractive.com/pdf/Wearables_in_Learning_article.pdf>. Acesso em: 27 nov. 2017.

WILLIS, J. **Research-Based Strategies to Ignite Student Learning**: Insights from a Neurologist and Classroom Teacher. New York: ASCD Publishing, 2014.

Sobre o autor

Antonio Siemsen Munhoz é especialista em Metodologia do Ensino Superior (1999) pela Fies, em Metodologia da Pesquisa Científica (2000) pelo Instituto Brasileiro de Pós-Graduação e Extensão (Ibpex), em Educação a Distância (2000) pela Universidade Federal do Paraná (UFPR) e em Tecnologia Educacional (2001) pela Sociedade Paranaense de Ensino e Informática (Spei). É mestre em Engenharia da Produção, com ênfase em Educação à Distância (2001), pela Universidade Federal de Santa Catarina (UFSC) e doutor em Engenharia da Produção, com ênfase em Educação a Distância (2007), pela mesma instituição.

Tem formação profissional em projetos instrucionais: Livre Docência Tecnologia Educacional (2015). Atualmente, dedica-se à extensão universitária O Uso de Gamificação em Educação pela Faculdade Impacta, à especialização em Gestão Eletrônica de Documentos pela Faculdade Unyleya e à especialização em Projetos Instrucionais pelo Senac PR.

É professor e orientador em ambientes presenciais, semipresenciais e não presenciais. Desenvolve produção científica em grupos de pesquisa sobre assuntos relacionados ao uso de tecnologias inovadoras em educação. Atua como consultor em Tecnologias Educacionais Inovadoras no Centro Universitário Internacional Uninter. É autor de vários livros nas áreas de tecnologia da informação, tecnologia educacional, educação corporativa e educação a distância.

Os papéis utilizados neste livro, certificados por instituições ambientais competentes, são recicláveis, provenientes de fontes renováveis e, portanto, um meio responsável e natural de informação e conhecimento.

MISTO
Papel | Apoiando o manejo florestal responsável
FSC® C103535

Impressão: Reproset